财政部"十三五"规划教材
高等院校"十三五"规划教材

# 计算机基础实验指导

## Computer Foundation Experimental Instruction

主　编　张华忠
副主编　许春秀　王舒艳　周保会　王翠梅
参　编　许红云　官琳琳　陈　梅　王梦霞
　　　　王丽娜　李　洁　赵　倩

中国财经出版传媒集团
经济科学出版社
Economic Science Press

**图书在版编目（CIP）数据**

计算机基础实验指导/张华忠主编．—北京：经济科学
出版社，2016.7（2019.12 重印）
高等院校"十三五"规划教材
ISBN 978 - 7 - 5141 - 7104 - 4

Ⅰ.①计…　Ⅱ.①张…　Ⅲ.①电子计算机 - 高等学校 -
教学参考资料　Ⅳ.①TP3

中国版本图书馆 CIP 数据核字（2016）第 164574 号

责任编辑：于海汛　李晓杰
责任校对：隗立娜
版式设计：齐　杰
责任印制：李　鹏

**计算机基础实验指导**
主　编　张华忠
副主编　许春秀　王舒艳　周保会　王翠梅
参　编　许红云　宫琳琳　陈　梅　王梦霞
王丽娜　李　洁　赵　倩
经济科学出版社出版、发行　新华书店经销
社址：北京市海淀区阜成路甲 28 号　邮编：100142
总编部电话：010 - 88191217　发行部电话：010 - 88191522
网址：www. esp. com. cn
电子邮件：esp@ esp. com. cn
天猫网店：经济科学出版社旗舰店
网址：http：//jjkxcbs. tmall. com
北京密兴印刷有限公司印装
710 × 1000　16 开　11 印张　210000 字
2016 年 8 月第 1 版　2019 年 12 月第 4 次印刷
ISBN 978 - 7 - 5141 - 7104 - 4　定价：22.00 元
**（图书出现印装问题，本社负责调换。电话：010 - 88191502）**
**（版权所有　侵权必究　举报电话：010 - 88191586**
**电子邮箱：dbts@ esp. com. cn）**

# 编 写 说 明

　　山东协和学院是国家教育部批准的普通本科高校，是山东省财政支持的民办本科高等教育"特色名校"立项建设单位。学校荣膺"全国毕业生就业典型经验高校"、"全国创新创业典型经验高校"、首批"全国深化创新创业教育改革示范高校"。

　　当前国家处于转型升级发展时期，"互联网＋"时代已经到来。云计算、物联网等技术迅猛发展，为加强大学生计算应用能力的提升，强化学生应用实践能力，培养学生创新意识、创业精神和创新创业能力，满足经济社会发展对应用型人才的需求，我校成立教材编委会，组织知识扎实、经验丰富的教师，编写了财政部"十三五"规划教材、高等院校"十三五"规划教材《大学计算机》、《大学计算机实践指导教程》、《计算机基础案例教程》和《计算机基础实验指导》等4部教材。

　　教材编写依据应用型人才培养目标，强化实践教学环节，注重学生专业技能和创新创业能力培养。在知识内容方面，以学生已掌握的计算机知识为基础，精选大学期间须掌握的计算机知识，增加计算机等级考试内容，培养学生利用计算机知识解决实际问题的能力；在实践教学方面，实验项目设置合理、可操作性强，依托项目实训提升学生实战能力。在章节编排方面，先易后难，重点突出，理论与实践紧密结合。限于编写人员水平，书中难免有不妥、不足之处，恳请有关专家和广大读者给予批评指正，我们深表感谢。

山东协和学院<br>
教材编委会<br>
2016 年 8 月

# 前　　言

　　随着"互联网＋"时代的到来，计算机已经成为了各行各业发展必不可少的工具，掌握现代信息技术的基础知识和操作技能是 21 世纪大学生应具有的基本素养。市场经济的发展要求高等院校能培养更多的技能型人才，以培养动手能力强，符合用人单位需要的工程应用型人才为宗旨。技能型人才培养应强调以知识为基础，以能力为重点，知识、能力素质协调发展，为学生今后的发展奠定良好的基础。

　　本书是《计算机基础案例教程》的配套教材，由长期从事计算机基础课程教学的教师编写，旨在加强计算机基础课程的实践环节，重在应用。本书在编写上采用"项目驱动"的方式设计教材体系，学生在老师的指导下完成相应的"项目"，以达到掌握相关知识的目的。每个项目除了"项目要求"和"项目目的"外还带有详细"项目步骤"，图文并茂、通俗易懂。每章后面带有综合练习题，方便学生自学、自测之用。本书实训项目融入了大量二级考试真题，力求使读者快速掌握计算机应用基础的主要内容和等级考试的知识内容。

　　本书由张华忠教授担任主编，许春秀、王舒艳、周保会、王翠梅任副主编，许红云、宫琳琳、陈梅、王梦霞、王丽娜、李洁、赵倩参编，全书由张华忠教授统稿和校稿。

　　本书在编写过程中，学校领导大力支持，编委成员们辛劳付出，在此我们一并表示感谢。当然，我们的书稿中也可能有些瑕疵，欢迎您的批评、指正！

编　者

2016 年 5 月

# 目　　录

# 第1章　计算机基础知识

【本章学习目标】

了解计算机的发展历史，掌握各种进制之间的相互转换、计算机的组成，认识计算机硬件，了解计算机一些新技术的含义。

## 项目1.1　认识计算机硬件、开关机

【项目要求】

1. 认识计算机的硬件。

2. 掌握正确的开机、关机步骤。

【项目目的】

能够认识常用的计算机硬件设备，熟练掌握计算机的开机和关机方法。

【项目步骤】

第1步：认识计算机硬件构成。

计算机硬件有主机、显示器、键盘和鼠标等组成，如图1－1所示。

图1－1　计算机的硬件系统

🖳主机：它在计算机硬件中的地位非常重要，决定了计算机运算速度的快慢以及存储容量的大小等因素。主机面板上有开机按钮和其他按钮，如图 1 - 2 所示的是电脑的开机按钮。在此主机箱上有两个按钮，分别是开机按钮和重启按钮。值得注意的是在不少品牌电脑的主机上，只有开机按钮而没有重启按钮。如图 1 - 1 中的主机就只有开机按钮。

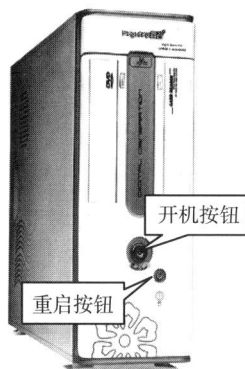

图 1 - 2　主机按钮

🖳显示器：它是计算机的显示部分，计算机运算的中间过程和最后结果都通过显示器来显示出来。显示器按照工作原理分为阴极射线管显示器和液晶显示器。图 1 - 3 所示的显示器就是阴极射线管显示器，又称为 CRT 显示器，这种显示器的显示效果非常好。图 1 - 1 中的显示器就是液晶显示器，由于液晶显示器节能、环保、无辐射等优点，越来越多的人把液晶显示器作为首选。

图 1 - 3　阴极射线管显示器

　　💻键盘：它是最主要的输入设备之一。

　　💻鼠标：它也是计算机不可缺少的输入设备。

　　💻其他设备：计算机除具有上述设备，还有其他的外部设备，如打印机、音箱、扫描仪、数码相机、摄像机等。

　　第 2 步：计算机的开机和关机。

　　计算机是一种比较特殊的电子设备，它的开机和关机不像电视机那么简单。

　　💻开机：首先按显示器的开关按钮打开显示器的电源，然后按主机的开关按钮打开主机，随后就会进入操作系统。计算机启动之后的画面称为桌面。

　　💻关机：首先用鼠标单击显示器左下角的"开始"按钮，如图 1 - 4 所示，打开"开始菜单"，如图 1 - 5 所示，单击"开始菜单"右下角的"关机"按钮，如图 1 - 5 所示，这样就把主机关闭了，然后关显示器的开关按钮，切断显示器的电源。如果不切断显示器的电源，则显示器一直处于待机状态，会造成电力浪费，也会缩短显示器的使用寿命。

　　💻开机规律：先开外设（打印机、扫描仪、显示器等），后开主机。

　　💻关机规律：先关主机，后关外设（打印机、扫描仪、显示器等）。

图 1 - 4　开始按钮

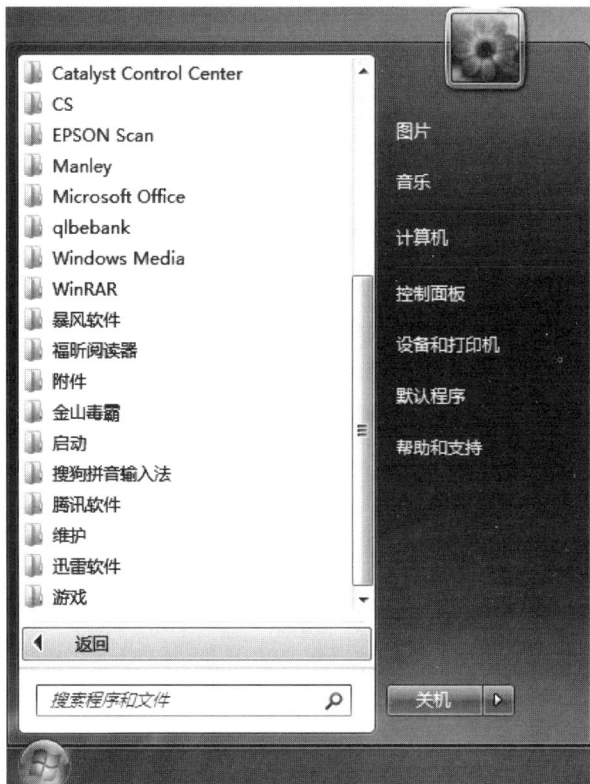

图 1 - 5 开始菜单

## 项目 1.2 计算机硬件介绍

**【项目要求】**

1. 能够熟悉组装一台电脑用到的各个器件。

2. 熟悉各个器件的常见品牌。

**【项目目的】**

了解计算机内部各个器件的名称和外观，熟悉组装一台计算机常选的产品配置。

**【项目步骤】**

第 1 步：计算机硬件器件和部分品牌如表 1 - 1 所示。

表 1-1                               部分硬件品牌表

| 器件名称 | 常见品牌 |
|---|---|
| 显示器 | 联想、三星、飞利浦、戴尔、惠普、明基 |
| 键盘 | 联想、七巧手、罗技 |
| 鼠标 | 双飞燕、联想、罗技 |
| 主机箱（带电源） | 长城、联想、三星、LG |
| 主板 | 微星、华硕、技嘉、昂达 |
| CPU（带风扇） | Intel、AMD |
| 内存 | 金士顿、威刚、金邦 |
| 显卡 | 七彩虹、华硕、微星 |
| 硬盘（带数据线） | 希捷、日立、西部数据、三星 |
| 光驱（带数据线） | 先锋、明基、华硕、爱国者 |

第 2 步：认识各个计算机器件，如图 1-6~图 1-13 所示。

图 1-6 主板

图 1 – 7　CPU 的正面和反面

图 1 – 8　CPU 风扇

图 1 – 9　内存条

图 1 - 10 硬盘

图 1 - 11 光驱

图 1 - 12 显卡

图 1–13　主机的内部结构

# 综合练习 1

## 一、单项选择题

1. 我们现在使用的计算机属于_____计算机。

    A. 第一代　　　　　B. 第二代　　　　　C. 第三代　　　　　D. 第四代

2. 我们现在使用的计算机，它的主要器件采用的是_____。

    A. 电子管　　　　　　　　　　B. 超大规模集成电路

    C. 集成电路　　　　　　　　　D. 晶体管

3. _____是指利用计算机帮助设计人员进行产品设计和工程设计等工作。

    A. CAI　　　　　　B. CAT　　　　　　C. CAD　　　　　　D. CAM

4. 计算机辅助教育的缩写是_____。

    A. CBE　　　　　　B. CAT　　　　　　C. CAD　　　　　　D. CAM

5. 我们利用会计软件把企业的经济活动记录下来，这属于计算机应用中的_____。

    A. 科学计算　　　　B. 信息管理　　　　C. 过程控制　　　　D. 人工智能

6. 计算机存储信息的基本单位是_____。

    A. 字节　　　　　　B. 字　　　　　　　C. 字长　　　　　　D. 字符

7. 一组用来表示某种数制的符号称为_____。

    A. 数码　　　　　　B. 基数　　　　　　C. 位权　　　　　　D. 进制

8. 二进制110，可以表示成_____。

    A. 110            B. 110B           C. 110D           D. 110H

9. 二进制110.101可以转换成十进制是_____。

    A. 6.25          B. 6.10          C. 110.101        D. 10.101

10. 把二进制转化成十进制，采用的方法是_____。

    A. 除二取余法    B. 按权展开法    C. 乘二取整法    D. 除十取余法

11. 1024KB也可以表示成_____。

    A. 1B             B. 1KB           C. 1MB           D. 1GB

12. 我们新买的计算机，它的硬盘一般都不小于_____。

    A. 160B          B. 160KB        C. 160MB        D. 160GB

13. 在R进制中，可以使用的最大数码是_____。

    A. 10             B. R − 1         C. R            D. R + 1

14. 通常把控制器和运算器合称为_____。

    A. 计算机       B. 内存          C. 中央处理器     D. 微型计算机

15. 我们拍摄的照片和网络下载的各种电影都是存储在_____。

    A. 主存         B. 缓存          C. 内存           D. 外存

16. 介于主存和CPU之间的高速存储器称作高速缓冲存储器（Cache），一般简称为

_____。

    A. 缓存         B. 内存          C. 外存           D. 主存

17. 计算机软件分为系统软件和_____。

    A. 操作系统    B. 编程语言      C. 应用软件      D. 数据库管理系统

18. 操作系统简称为_____。

    A. OS            B. CPU           C. I/O            D. VB

19. 计算机系统的各个部件能够有条不紊地协调工作，都是在_____的控制下完成的。

    A. 运算器       B. 控制器        C. 存储器        D. 显示器

20. 下列语言中_____可以由计算机直接执行。

    A. 机器语言    B. 汇编语言      C. 高级语言      D. 自然语言

21. 与外存相比，下列选项中_____属于内存的特点。

    A. 存储容量大             B. 价格低

    C. 可以永久保存信息      D. 读写信息的速度快

22. 计算机各功能部件之间传送信息的公共通信线路称为_____。

    A. 总线         B. 通道          C. 传送带         D. 信号线

23. 我们现在台式机上的硬盘转速是_____。

    A. 3600转/分钟   B. 5400转/分钟   C. 7200转/分钟   D. 10000转/分钟

24. Core 2 Duo E6300 CPU的制造工艺，采用65_____。

    A. 厘米         B. 毫米          C. 微米          D. 纳米

25. 下列设备中，_____被称为"优盘"。

    A. 软盘　　　　　　B. 硬盘　　　　　　C. 光盘　　　　　　D. 闪存

26. 计算机能够自动完成运算或处理过程的基础是＿＿＿＿＿＿＿工作原理。

    A. 二进制运算　　　B. 精简指令　　　　C. 存储程序　　　　D. 简单运算

27. 计算机软件分为系统软件和＿＿＿＿＿＿＿软件。

    A. 应用　　　　　　B. 处理　　　　　　C. photoshop　　　D. 字处理

28. 下列语言中，＿＿＿＿＿＿＿计算机可以直接执行。

    A. 机器语言　　　　B. 汇编语言　　　　C. 高级语言　　　　D. 自然语言

29. 高级语言分为解释型和编译型，＿＿＿＿＿＿＿生成目标代码。

    A. 解释型　　　　　B. 编译型　　　　　C. 两者都　　　　　D. 两者都不

30. Windows 7 操作系统属于＿＿＿＿＿＿＿操作系统。

    A. 单用户单任务　　B. 多用户单任务　　C. 单用户多任务　　D. 多用户多任务

**二、多项选择题**

1. 下列选项中，＿＿＿＿＿＿＿属于计算机的特点。

    A. 运算速度快　　　B. 工作自动化　　　C. 精确性高　　　　D. 通用性强

2. 计算机网络技术的实现，主要涉及＿＿＿＿＿＿＿。

    A. 计算机技术　　　B. 科学计算技术　　C. 通信技术　　　　D. 过程控制技术

3. 下列属于人工智能领域的是＿＿＿＿＿＿＿。

    A. 气象　　　　　　B. 机器人　　　　　C. 博弈　　　　　　D. 自然语言理解

4. 下列数字中，＿＿＿＿＿＿＿有可能属于八进制。

    A. 123　　　　　　B. 582　　　　　　C. 567　　　　　　D. 932

5. 下列叙述中正确的是＿＿＿＿＿＿＿。

    A. 计算机规定 8 个位为一个字节，简记为 b

    B. 计算机同时处理的二进制数据的位数称为字长

    C. 字长越长，计算机运算的速度越快，精确度越高

    D. 计算机中无法表示负数

6. 计算机中的总线一般分为＿＿＿＿＿＿＿。

    A. 数据总线　　　　B. 地址总线　　　　C. 信息总线　　　　D. 控制总线

7. 下列设备中＿＿＿＿＿＿＿属于外存。

    A. 内存条　　　　　B. 硬盘　　　　　　C. 光盘　　　　　　D. U 盘

8. 按照打印机的工作原理，打印机一般分为＿＿＿＿＿＿＿。

    A. HP 打印机　　　B. 喷墨打印机　　　C. 点阵打印机　　　D. 激光打印机

9. 下列设备中＿＿＿＿＿＿＿属于输入设备。

    A. 键盘　　　　　　B. 鼠标　　　　　　C. 打印机　　　　　D. 手写板

10. 下列设备中＿＿＿＿＿＿＿属于输出设备。

    A. 显示器　　　　　B. 打印机　　　　　C. 扫描仪　　　　　D. 音响

11. 下列选项中，＿＿＿＿＿＿＿属于系统软件。

    A. DOS          B. Windows XP      C. Microsoft office     D. Linux

12. 下列选项中，_____属于语言处理程序。

    A. C++            B. Word            C. VB              D. VF

13. 下列选项中，_____属于算法的性质。

    A. 有穷性                      B. 确定性

    C. 可行性                      D. 有 0 个或多个输入

    E. 有一个或多个输出

14. 关于微型计算机，下列说法正确的是_____。

    A. 外存储器中的信息不能直接进入 CPU 进行处理

    B. 系统总线是 CPU 与各部件之间传送各种信息的公共通道

    C. 光盘属于内存

    D. 个人计算机不属于微型计算机

**三、判断题（正确的为 T，错误的为 F）**

1. 第一台计算机 1949 年诞生于美国的宾夕法尼亚大学。     (      )

2. 机器人不属于人工智能领域的成果。     (      )

3. 第一台计算机主要用于科学计算，现在科学计算已经没有用处了。     (      )

4. 世界上第一台计算机采用的主要逻辑器件是晶体管。     (      )

5. 一个八进制数各位的权是以十为底的幂。     (      )

6. 1024MB = 1KB。     (      )

7. 没有安装任何应用软件的计算机称为"裸机"。     (      )

8. 计算机系统包括硬件系统和软件系统。     (      )

9. 计算机从诞生到现在一直采用冯·诺依曼存储体系结构。     (      )

10. 现在的 CPU 内部一般都集成了高速缓冲存储器。     (      )

11. 汇编语言不需要经过处理就可以由计算机直接执行。     (      )

12. 有些显示器既是输入设备又是输出设备。     (      )

13. 主板中最重的部件之一是芯片组，它决定了主板所支持的功能。     (      )

14. 硬盘的速度要比内存的速度快。     (      )

15. CPU 的主要性能指标有：主频、字长、内存容量和核心数量等。     (      )

16. 计算机从诞生到现在，科学计算一直是其最主要的应用方面。     (      )

17. 显示系统包括显示器和网络适配器。     (      )

18. 分辨率就是屏幕上每行和每列所具有的像素数。     (      )

19. 现在银行系统一般采用点阵打印机，因为点阵打印机打印的速度比较快。     (      )

20. 根据功能不同，计算机软件分为系统软件和应用软件。     (      )

**四、填空题**

1. _____是计算机各功能部件之间传送信息的公共通信干线，它是由导线组成的传输线束。

2. _____设备是人与计算机联系的接口，用户可以通过它与计算机交换信息。

3. 中央处理器也就是 CPU 由运算器和_____组成。

4. 在微型计算机系统中，PC 指的是_____。

5. 在打开计算机时，我们应该按照先开_____，再开_____的顺序进行开机，关机的顺序正好与开机的顺序相反。

6. 根据软件的用途来分，计算机软件分为_____和应用软件两大类。

7. 计算机能够直接执行的程序，在计算机内部是以_____编码形式表示的。

8. 要表示 7 中状态至少需要_____位二进制码。

9. 计算机处理数据时，CPU 通过数据总线一次存取、加工和传送的数据称为_____。

10. 计算机指令的集合称作_____。

# 第2章 Windows 7 操作系统

【本章学习目标】

掌握系统的重装，掌握软件的下载、安装与卸载，掌握控制面板的使用，掌握用户账户的管理，了解附件中的一些应用。

## 项目 2.1 Windows 7 操作系统安装

【项目要求】

1. 制作 U 盘启动盘。

2. 重装 Windows 7 系统。

【项目目的】

1. 掌握软件的安装。

2. 掌握启动盘的制作方法。

3. 掌握系统的重装步骤。

【项目准备】

1. 硬件工具。

8G 及以上的优盘。

2. 软件工具。

1）大白菜超级 U 盘启动盘制作工具 V4.2。

2）win7PE 文件。

3）win7 操作系统 ghost 文件（分 32 位和 64 位两种）。

3. 下载以下软件。

1）大白菜超级 U 盘启动盘制作工具 V4.2。

2）WIN7PE. iso。

3）WIN7SP1_X86_V2013. 08. GHO（32 位）。

4）WIN7SP1_X64_V2013. 09. GHO（64 位）。

（注意：上面两个系统（第3与第4，只需用其中之一，主要看你的内存条的大小，小于3GB的用32位系统，大于3GB的就用64位的。）

【项目步骤】

第1步：制作启动盘。

💻下载好大白菜超级U盘启动盘制作工具，并把它安装在电脑上，启动大白菜软件并插入U盘（注意：在制作启动盘时需要格式化U盘，U盘有重要资料，需拷贝到别的地方）。如图2-1所示。

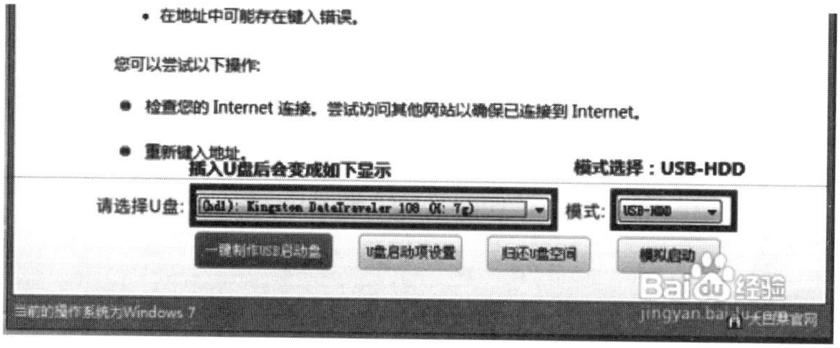

图2-1　插入U盘窗口

💻单击"U盘启动项设置"按钮，会弹出如图2-2所示的窗口，在"菜单名称"里面输入"Win7 PE"，在"ISO文件路径"单击输入框后面的".."按钮，找到刚才所下载的"WIN7PE. ISO"位置。然后单击"＞＞添加"按钮，会在"启动项菜单"显示你刚才添加的信息。最后单击"确定"按钮即可。

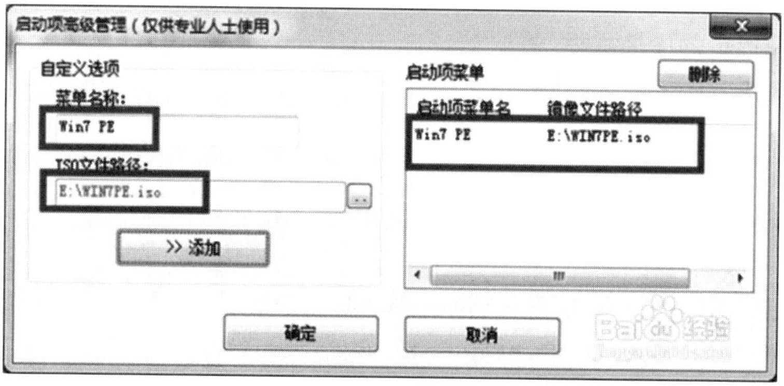

图2-2　启动项高级管理

单击主界面下面的 "一键制作 USB 启动盘" 按钮，自动制作启动盘，制作成功后，软件会提示制作成功。如图 2 - 3 所示的主界面。

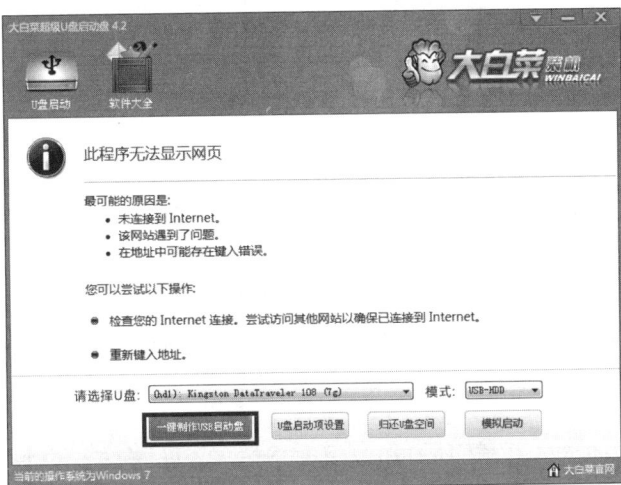

图 2 - 3 大白菜主界面

单击主界面下面的 "模拟启动" 按钮，如果成功的话会弹出一个窗口，并且在菜单最下方有新的启动项 "Win7 PE"，如图 2 - 4 所示，这说明启动盘制作成功了。

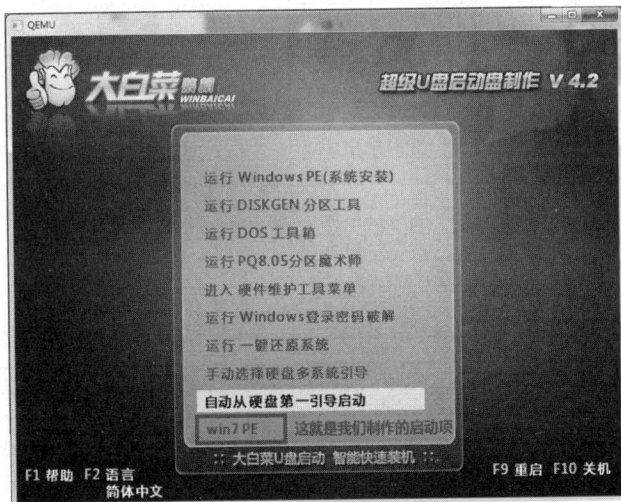

图 2 - 4 启动界面

第 2 步：拷贝系统文件。

🖥 如果机器能正常打开，把刚下载的"WIN7SP1_X86_旗舰版_V2013.08. GHO"这个文件拷贝到这台机器的"D 盘"的根目录里。

🖥 如果机器不能正常打开，就把"WIN7SP1_X86_旗舰版_V2013.08. GHO"这个文件拷贝到启动盘里。

注意：

✔ 先做好启动盘，再把文件拷到启动盘（U 盘）里；

✔ WIN7SP1_X86_旗舰版_V2013.08. GHO 有 32 位和 64 位之分。

第 3 步：进入 PE 系统。

🖥 把制作好的启动盘插入所要装系统的电脑上。

🖥 打开电源，紧接着就一直点击"boot menu"启动的热键，各电脑热键如图 2-5 所示，一直等到"boot menu"窗口的出现。

## BOOT MENU设置从U盘、硬盘、光驱启动快捷键：

| 组装机主板 | | 品牌笔记本 | | 品牌台式机 | |
|---|---|---|---|---|---|
| 主板品牌 | 启动按键 | 笔记本品牌 | 启动按钮 | 台式机品牌 | F12 |
| 华硕主板 | F8 | 联想笔记本 | F12 | 联想台式机 | F12 |
| 技嘉主板 | F12 | 宏基笔记本 | F12 | 惠普台式机 | F12 |
| 微星主板 | F11 | 华硕笔记本 | ESC | 宏基台式机 | ESC |
| 映泰主板 | F9 | 惠普笔记本 | F9 | 戴尔台式机 | F12 |
| 梅捷主板 | ESC或F12 | 联想Thinkpad | F12 | 神舟台式机 | F8 |
| 七彩虹主板 | ESC或F11 | 戴尔笔记本 | F12 | 华硕台式机 | F12 |
| 华擎主板 | F11 | 神舟笔记本 | F12 | 方正台式机 | F12 |
| 斯巴达卡主板 | ESC | 东芝笔记本 | F12 | 清华同方台式机 | F12 |
| 昂达主板 | F10 | 三星笔记本 | F12 | 海尔台式机 | F12 |
| 双敏主板 | ESC或F11 | IBM笔记本 | F12 | 明基台式机 | F8 |
| 翔升主板 | F11或F12 | 富士通笔记本 | F12 | | |
| 精英主板 | ESC或F11 | 海尔笔记本 | F12 | | |
| 冠盟主板 | F11或F12 | 方正笔记本 | F12 | | |
| 富士康主板 | ESC或F12 | 清华同方笔记本 | F12 | | |
| 顶星主板 | F11或F12 | 微星笔记本 | F11 | | |
| 铭瑄主板 | ESC | 明基笔记本 | F9 | | |
| 盈通主板 | F8 | 技嘉笔记本 | F12 | | |
| 捷波主板 | ESC | Gateway笔记本 | F12 | | |
| Intel主板 | F12 | eMachines笔记本 | F12 | | |
| 杰微主板 | ESC或F8 | 索尼笔记本 | ESC | | |
| 致铭主板 | F12 | | | | |
| 磐英主板 | ESC | | | | |
| 磐正主板 | ESC | | | | |
| 冠铭主板 | F9 | | | | |

图 2-5 热键

💻选择"USB HDD：**********"（*******代表你的 U 盘品牌、型号等），如图 2－6 所示。

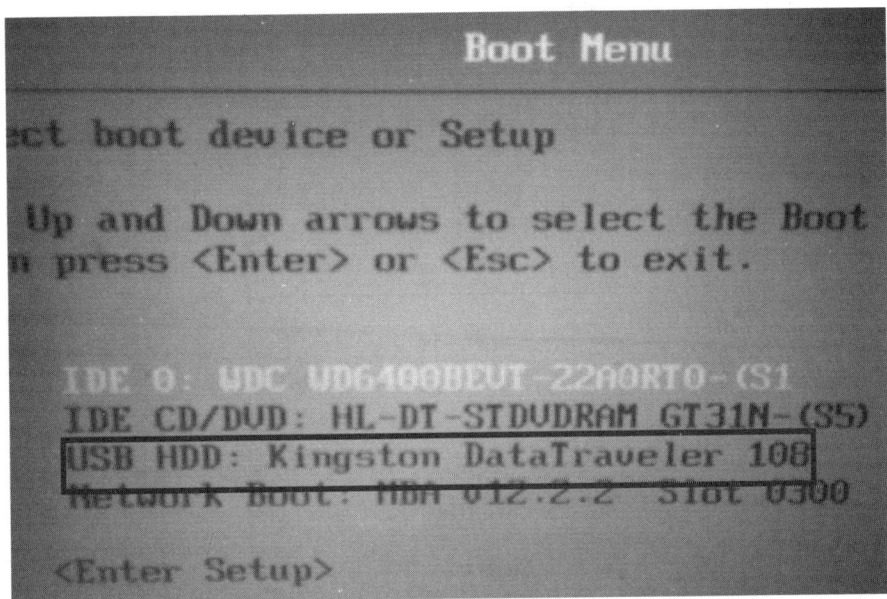

图 2－6　选择优盘

💻接着按"Enter"键进入。

💻进入"大白菜装机"的界面，用键盘的"上下键"选择最下面启动项"Win7 PE"，按"Enter"键进入，能进入 PE 系统。

第 4 步：安装系统文件。

💻进入 PE 系统后，打开"计算机"，把系统所在的硬盘 C 盘格式化如图 2－7 所示。

💻返回桌面，打开"通用 GHOST 工具"，首先选择"简易模式"，然后选择"恢复系统"，就会出现一个"请选择要恢复的镜像"的窗口，找到之前下载的"WIN7SP1_X86_V2013.08.GHO"，然后单击打开就出现"请选择所要恢复的分区"的窗口，如图 2－8 所示，选中"C：\"然后单击"继续"。

💻出现如图 2－9 所示的窗口，等待进度条完成，窗口消失后；拔出 U 盘，重启电脑，接下来电脑就会自动安装系统。（注意：期间会自动重启几次，不要动，让计算机自动安装就行）。

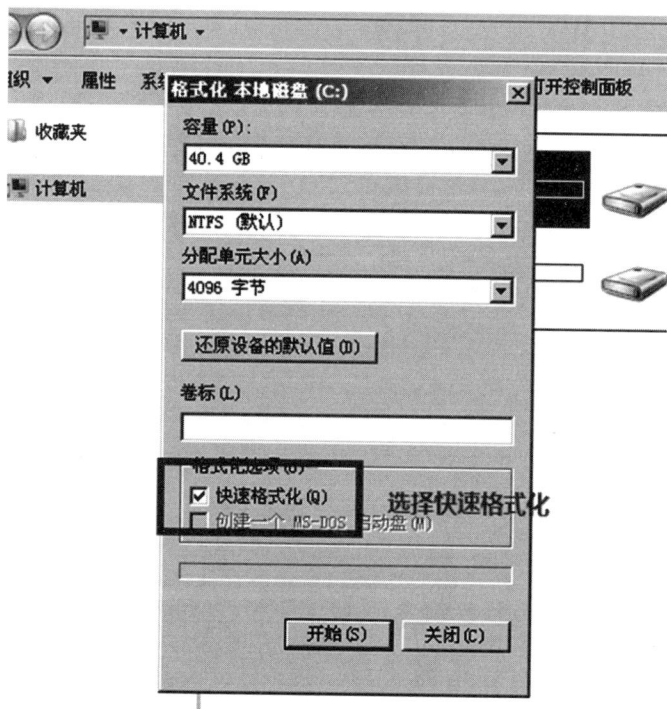

图 2-7 格式化 C 盘

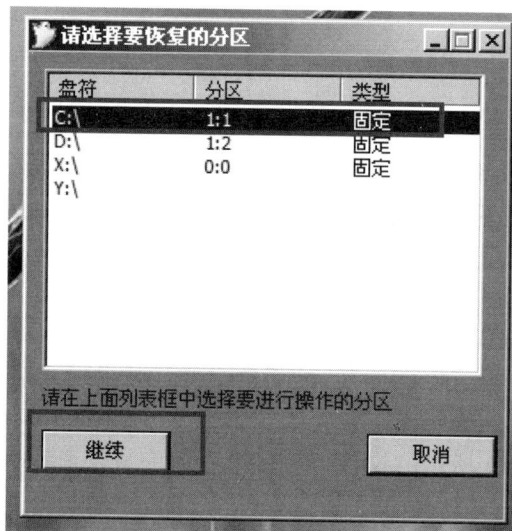

图 2-8 请选择要恢复的分区

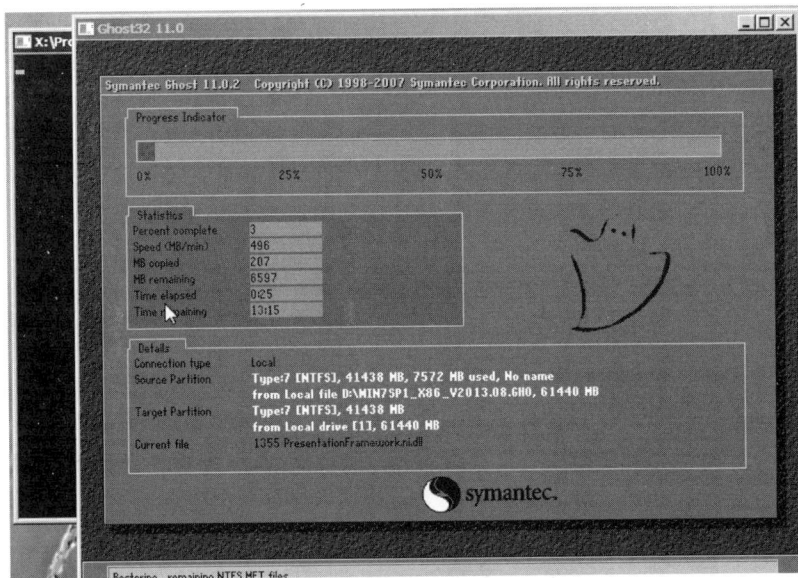

图 2 - 9　安装进度

## 项目 2.2　软件的添加与管理

【项目要求】

1. 使用"打开或关闭 Windows 7 功能"来关闭"小工具"的功能。

2. 安装应用软件。

3. 卸载腾讯 QQ2013 程序。

【项目目的】

掌握使用"打开或关闭 Windows 7 功能"来打开或关闭 Windows 7 功能及使用控制面板添加/卸载应用程序的方法。

【项目步骤】

第 1 步：打开或关闭 Windows 7 功能。

选择"开始 | 控制面板"命令，打开"控制面板"窗口，单击"程序"超链接，打开"程序"窗口，如图 2 - 10 所示。

单击"程序和功能"栏下的"打开或关闭 Windows 7 功能"超链接打开"Windows 功能"窗口，取消选中"打开或关闭 Windows 功能"列表框中的"Windows 小工具平台"选项前的复选框，如图 2 - 11 所示。

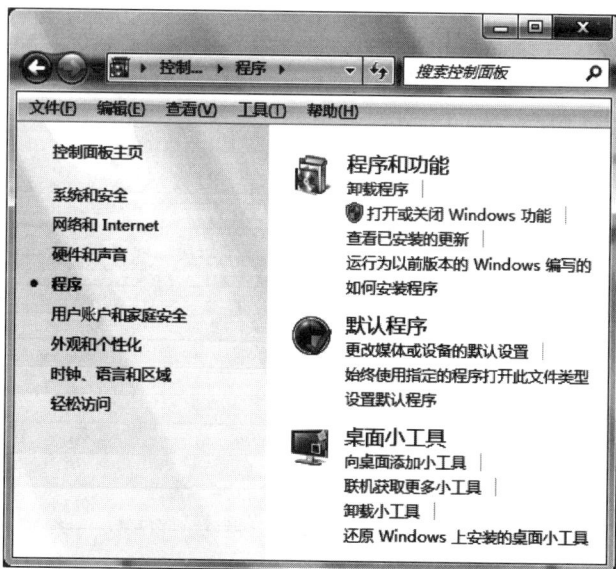

图 2-10 "程序"窗口

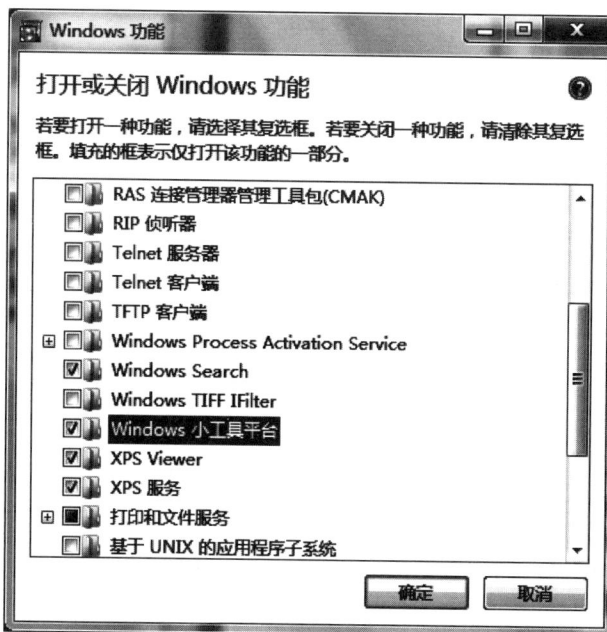

图 2-11 关闭小工具功能

第 2 步：安装应用程序。

安装常用应用软件一般方法是双击 setup. exe（或 install. exe）文件，然后按提示步骤执行，直到完成安装。

第 3 步：卸载腾讯 QQ2013 程序。

选择"开始|控制面板"命令，打开"控制面板"窗口，单击"卸载程序"超链接，打开"程序和功能窗口"，在列表框中选择要卸载的程序"腾讯 QQ2013"，单击"卸载"按钮，或选择该程序，单击鼠标右键，在弹出的快捷菜单中选择"卸载"命令，按照系统提示卸载程序，如图 2 - 12 所示。

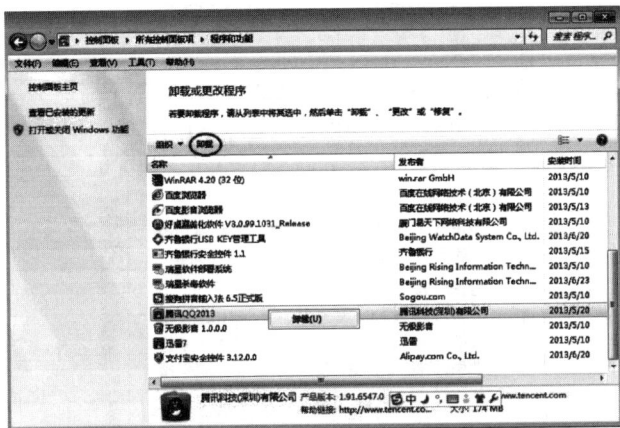

图 2 - 12　"卸载程序"窗口

## 项目 2.3　账 户 管 理

【项目要求】

1. 创建一个名为"计算机学院"的账户，并对其进行创建密码、更改头像等操作。

2. 启用"计算机学院"账户的家长控制，并设置该账户的使用时间为 8：00 - 16：30。

3. 将名为"计算机学院"的账户删除，并保存该账户下的文件。

【项目目的】

学会使用控制面板完成账户的创建、设置和删除等功能。

【项目步骤】

第 1 步：创建并设置标准账户。

🖥选择"开始"│"控制面板"命令，打开"控制面板"窗口，单击"添加或删除用户账户"超链接。

🖥打开"管理账户"窗口，单击窗口中的"创建一个新账户"超链接。

🖥打开"创建新账户"窗口，在"新账户名"文本框中输入"计算机学院"文本内容，其他选项保持默认设置不变，如图 2 – 13 所示，单击"创建账户"按钮。

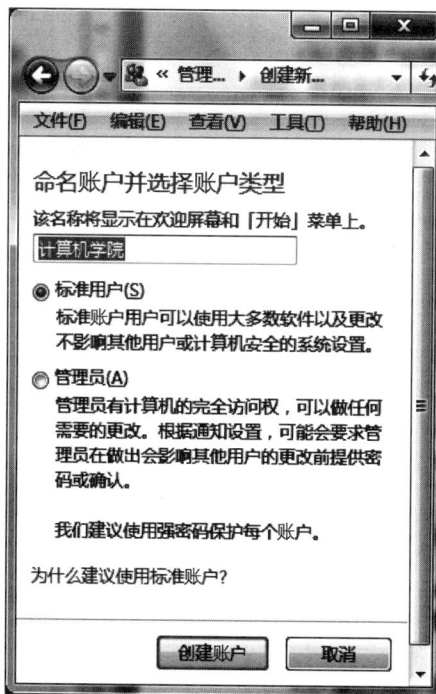

图 2 – 13　创建账户对话框

🖥返回"管理账户"窗口，新创建的"计算机学院"账户将显示在该窗口中，如图 2 – 14 所示。

🖥单击该账户选项，打开"更改账户"窗口，单击"创建密码"超链接，如图 2 – 15 所示。打开"创建密码"窗口，在"新密码"文本框中输入密码，然后在"确认新密码"文本框中输入相同的密码，单击"创建密码"按钮，如图 2 – 16 所示。

图 2 – 14　显示"计算机学院"账户

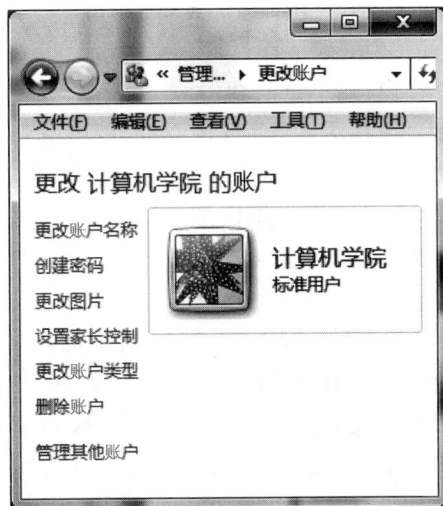

图 2 – 15　"更改账户"窗口

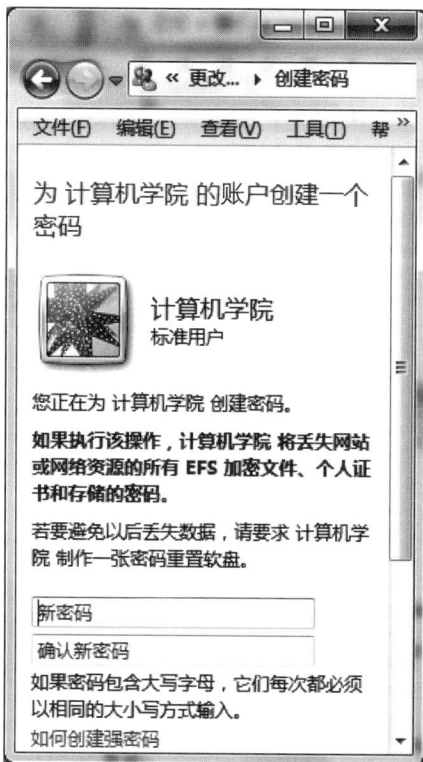

**图 2-16 "创建密码"窗口**

    💻返回"更改账户"窗口，"计算机学院"账户显示为密码保护，单击"更改图标"超链接，打开"选择图片"窗口，在窗口中选择图片，这里选择"足球"图片选项，如图 2-17 所示，单击"更改图片"按钮，返回"更改账户"窗口，该账户显示为标准账户，受密码保护，并且显示名称为"计算机学院"如图 2-18 所示，最后关闭窗口，完成所有操作。

    第 2 步：设置家长控制。

    💻使用管理员账户登录系统，选择"开始|控制面板"命令，打开"控制面板"窗口，单击"添加或删除用户账户"超链接，打开"管理账户"窗口。

    💻单击"计算机学院"账户选项，打开"更改账户"窗口，单击"设置家长控制"超链接，打开"家长控制"窗口，单击"计算机学院"账户选项，打开该账户的"用户控制"窗口，选中"启用，应用当前设置"单选按钮，该窗口将显示设置家长控制内容选项为有效。

图 2-17　账户图片选择

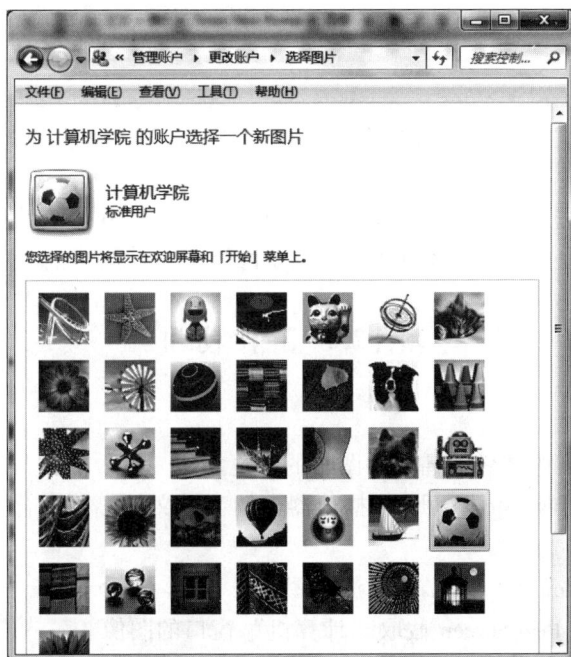

图 2-18　"更改账户"窗口

🖥单击"时间限制"超链接,打开"时间限制"窗口,通过拖动鼠标,允许该账户使用电脑的时间为星期六的8：00 – 16：40。

第3步：删除账户并保留文件。

🖥使用管理员账户登录系统,选择"开始|控制面板"命令,打开"控制面板"窗口,单击"添加或删除用户账户"超链接,打开"管理账户"窗口。

🖥单击"计算机学院"账户选项,打开"更改账户"窗口,单击"删除账户"超链接,在弹出的窗口中单击"保留文件",则将名为"计算机学院"的账户删除,并保存该账户下的文件,如图2 – 19所示。

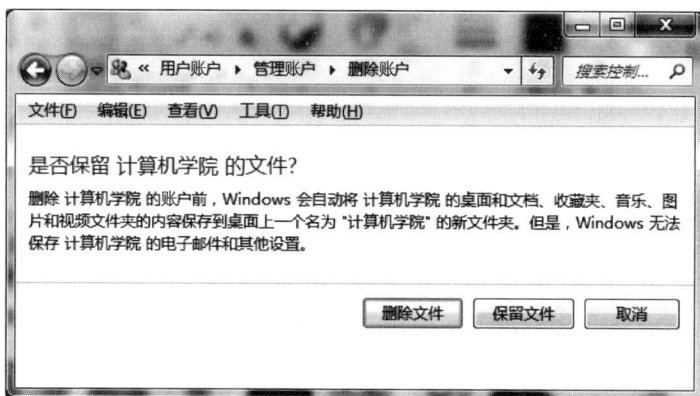

图2 – 19 "保留文件"窗口

【技巧与提高】创建安全的来宾账户的方法：先启用 Guest 账户,为 Guest 账户设置安全密码,然后禁止 Guest 账户用于网络。

## 项目2.4 附件使用

【项目要求】

任务一：多媒体文件的播放和图片的浏览。

1. 合并 Windows Media Player 播放器中的音乐文件,并为合并后的音乐唱片添加个性化的唱片封面。

2. 使用 Windows Media Center 浏览图片。

3. 使用 Alt + PrintScreen 截取"计算机"窗口的图像。

任务二：系统工具的使用。

1. 利用磁盘清理工具对 D 盘进行磁盘清理。

【项目目的】

1. 学会利用系统附件功能完成多媒体文件的播放和图片的浏览。

2. 掌握系统工具的使用。

【项目步骤】

任务一：操作步骤。

第 1 步：合并音乐文件，添加唱片封面。

💻选择"开始｜所有程序｜Windows Media Player"命令，启动 Windows Media Player 播放器。

💻单击导航窗格中的"音乐"按钮，打开"所有音乐"窗口，如图 2–20 所示。

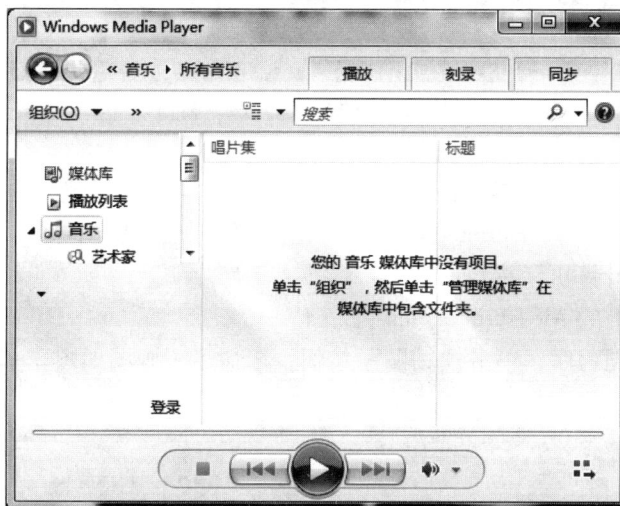

图 2–20　"所有音乐"窗口

💻拖动窗口右侧的滑块，选择需要合并的音乐唱片，拖动到另一张唱片，当出现"与合并"字样时释放鼠标，再在打开的"确认"对话框中单击"是"按钮。

💻打开图片文件夹，选择作为唱片封面的图片文件，然后按 Ctrl + C 键复制该图片。

💻返回"所有音乐"窗口，将鼠标光标移到合并后的音乐唱片封面上，单击鼠标右键，在弹出的快捷菜单中选择"粘贴唱片集画面"命令。粘贴的图片作为合并后的音乐唱片的封面。

第 2 步：使用 Windows Media Center 浏览图片。

▣启动 Windows Media Center，然后选择"图片库"选项，如图 2-21 所示。

图 2-21 选择"图片库"窗口

▣打开"图片库"界面，选择要浏览的图片，再播放浏览这些图片。

第 3 步：使用 Alt + PrintScreen 截取"计算机"窗口的图像。

▣打开"计算机"窗口。

▣按键盘上的 Alt + PrintScreen 键。

▣打开画图程序，单击"粘贴"按钮，未命名 – 画图如图 2-22 所示。

图 2-22 未命名 – 画图

🖥选择"文件"菜单中的"另存为"命令，将文件保存为"我的电脑. png"。

任务二：操作步骤。

利用磁盘清理工具对 D 盘进行磁盘清理。

🖥利用磁盘清理可以将部分或者全部的临时文件、Internet 缓存文件和可以安全删除的不需要的程序文件进行删除，从而释放磁盘空间。

🖥双击"计算机"，右击 D 盘，在右键快捷菜单中选择"属性"命令，弹出如图 2 - 23 所示的属性对话框，单击磁盘清理按钮，即开始磁盘清理工作。

图 2 - 23　属性对话框

## 综合练习 2

**一、单项选择题**

1. Windows 7 操作系统中的"桌面"是指_____。

　　A. 某个窗口　　　　B. 活动窗口　　　　C. 应用程序窗口　　　D. 整个屏幕

2. 下列对图标错误的描述是_____。

　　A. 图标只能代表某类型程序的程序组　　　B. 图标可以代表快捷方式

    C. 图标可以代表文件夹　　　　　　　　D. 图标可以代表任何文件

3. 要重新排列桌面上的图标，用户首先要用鼠标操作的是_____。

    A. 右击窗口空白处　　　　　　　　　　B. 右击"任务栏"空白处

    C. 右击桌面空白处　　　　　　　　　　D. 右击"开始"按钮

4. Windows 7 的任务栏可以放在_____。

    A. 底部　　　　　　B. 顶部　　　　　　C. 左侧　　　　　　D. 以上说法均正确

5. 使用 Windows 7 的"开始"菜单，可以实现系统的_____。

    A. 部分功能　　　　B. 初始化功能　　　C. 主要功能　　　　D. 全部功能

6. 在 Windows 7 操作系统中描述窗口的错误说法是_____。

    A. 窗口是 Windows 7 应用程序的用户界面

    B. 桌面也是 Windows 7 的一种窗口

    C. 用户可以在屏幕上改变非最大化窗口的大小

    D. 窗口主要由边框、标题栏、菜单栏、工作区、状态栏、滚动条等组成

7. 当一个应用程序窗口被最小化后，该应用程序将_____。

    A. 暂停执行　　　　　　　　　　　　　B. 转入后台执行

    C. 终止执行　　　　　　　　　　　　　D. 继续在前台执行

8. 在 Windows 7 操作系统中，单击当前窗口的最小化按钮后，该窗口将_____。

    A. 消失　　　　　　　　　　　　　　　B. 被关闭

    C. 缩小为任务栏的图标　　　　　　　　D. 不会变化

9. 在 Windows 7 中，下列不属于应用程序标题栏功能的是_____。

    A. 显示应用程序名

    B. 显示应用程序图标

    C. 当窗口非最大化时，鼠标拖动移动窗口

    D. 改变窗口形状

10. 窗口和对话框的区别是_____。

    A. 对话框不能移动，也不能改变大小

    B. 两者都能改变大小，但对话框不能移动

    C. 两者都能移动，但对话框不能改变大小

    D. 两者都能移动和改变大小

11. Windows 7 中可以接受用户输入的是_____。

    A. 菜单　　　　　　B. 工具栏　　　　　C. 对话框　　　　　D. 应用程序

12. 下列是有关文件名组成的叙述，错误的是_____。

    A. 文件名中允许使用汉字　　　　　　　B. 文件名中允许使用多个英文句号

    C. 文件名中允许使用空格　　　　　　　D. 文件名中允许使用竖线（"｜"）

13. 操作系统区分文件类型的依据是_____。

    A. 文件扩展名　　　B. 主文件名　　　　C. 快捷方式　　　　D. 文件的内容

14. 在"资源管理器"中，如果想一次选定多个不连续的文件或文件夹，正确的操作是
_____。

    A. 按住"CTRL"键，用鼠标右键逐个点选

    B. 按住"CTRL"键，用鼠标左键逐个点选

    C. 按住"SHIFT"键，用鼠标右键逐个点选

    D. 按住"SHIFT"键，用鼠标左键逐个点选

15. 在 Windows 7 中，若已选定某个文件，不能将该文件复制到同一个文件夹下的操作是
_____。

    A. 用鼠标左键将该文件拖动到同一文件夹下

    B. 用鼠标右键将该文件拖动到同一文件夹下

    C. 先执行 Ctrl + C，再执行 Ctrl + V

    D. 按住"CTRL"键，再用鼠标左键将该文件拖到同一文件夹下

16. 在 Windows 7 中，下列正确的文件名是_____。

    A. Sys tem123. bat　　　　　　　　B. sys? tem. bat

    C. sys <> tem. bat　　　　　　　　D. sys1│tem123

17. 文件夹中不可以包括_____。

    A. 文件夹　　　　B. 文件　　　　　C. 多个文件　　　　D. 字符

18. 要正常退出 Windows 7 操作系统，正确的操作是_____。

    A. 任何时候都可以关闭计算机电源

    B. 选择"开始菜单"中的"关机"命令

    C. 在计算机没有任何操作状态下关掉计算机电源

    D. 任何时候都可以按下"CTRL"+"ALT"+"DEL"键

19. Windows 7 自动创建的账户除了 Administrator 外，还有_____。

    A. Guest　　　　B. Power Users　　　C. Users　　　　　D. Backup

20. Windows 7 自带的两个文字处理程序是写字板和_____。

    A. 记事本　　　　B. Microsoft Word　　C. WPS　　　　　D. CCED

21. 下列有关"添加打印机"的说法中，正确的是（　　　）。

    A. 可以安装多台打印机

    B. 只能选择使用默认的打印端口

    C. 在安装打印机驱动之前，必须先将要安装的打印机和计算机连接

    D. 只能安装本地打印机

22. 使用"记事本"程序，不可以（　　　）。

    A. 创建和编辑带格式的 Word 文档　　　B. 创建 Web 页

    C. 编辑文本文档　　　　　　　　　　　D. 编辑某种高级语言源程序

**二、多项选择题**

1. 在 Windows 7 中可以同时运行多个应用程序，如果要在已运行的各个程序之间进行切

换，以下正确的叙述是_____。

    A. 用鼠标左键单击应用程序窗口的任何部分

    B. 用鼠标左键单击任务栏中与应用程序相对应的按钮

    C. 按 Alt + Tab 键

    D. 按 Alt + Shift 键

  2. 关闭当前活动窗口，可以使用的操作_____。

    A. 用鼠标双击窗口的控制菜单

    B. 用鼠标单击窗口的关闭按钮

    C. 选择窗口的控制菜单中的"关闭"选项

    D. 直接按 Alt + F4

  3. 从下面的叙述中选出正确的描述_____。

    A. 操作系统是微机中不可缺少的软件

    B. 操作系统的功能是管理磁盘文件

    C. 操作系统的主要目的是提高计算机系统资源的利用率，方便用户操作

    D. 操作系统是管理计算机的软硬件资源

    E. 操作系统属于计算机软件系统

  4. 下面关于屏幕保护程序的叙述，不正确的是_____。

    A. 一开机屏幕保护程序就运行

    B. 在设定的时间内如果不操作计算机，屏幕保护程序会自动关机

    C. 在设定的时间内如果不操作计算机，屏幕保护程序会自动关闭显示器电源

    D. 在设定的时间内如果不操作计算机，屏幕保护程序会自动运行

  5. 在_____中都可以找到"控制面板"应用程序。

    A. "计算机"窗口　　　　　　　　B. "资源管理器"窗口

    C. 桌面　　　　　　　　　　　　D. "开始"菜单

  6. 可以对任务栏进行的操作有_____。

    A. 移动　　　　　B. 删除　　　　　C. 隐藏　　　　　D. 复制

  7. Windows 7 是多任务操作系统，可以同时打开多个应用程序窗口，多窗口的排列方式可以是_____。

    A. 层叠　　　　　B. 堆叠　　　　　C. 并排　　　　　D. 表格状平铺

**三、判断题**

  1. 在 Windows 7 中，在任何位置用鼠标右击对象均可弹出快捷菜单，这些快捷菜单内容是相同的。（　　）

  2. 运行应用程序时，Windows 7 自动在屏幕上建立一个显示窗口，其位置和大小都不能改变。（　　）

  3. 在 Windows 7 中，当文件或文件夹被删除并放入回收站后，它就不再占有磁盘空间。（　　）

4. Windows 7 中任务栏的位置和大小是可以由用户改变的。　　　　　　　（　　）

5. 要卸载一种中文输入法，可以在"控制面板"窗口中进行。　　　　　　（　　）

6. 在 Windows 7 系统中，支持长文件名，但最长不超过 255 个字符。　　（　　）

7 语言栏可以浮动显示在桌面上，也可以显示在任务栏上。　　　　　　　（　　）

8. Windows 7 系统中的"回收站"，可以存放优盘中被删除的信息。　　（　　）

9. 对话框是系统提供用户输入信息或选择内容的界面。　　　　　　　　　（　　）

10. 对话框中的复选框是指一组互相排斥的选项，一次只能选中一项。外形为一个正方形，方框中有"√"表示选中。　　　　　　　　　　　　　　　　　　（　　）

11. 若使用 Windows 7 的"写字板"创建一个文档，当用户没有指定该文件的存放位置时，则系统将该文件默认存放在"库 \ 图片"文件夹中。　　　　　　　　（　　）

12. 如果要取消所有的已经选择的文件或文件夹，只要在非文件名的空白处单击即可。

　　　　　　　　　　　　　　　　　　　　　　　　　　　　　　　　　（　　）

## 四、填空题

1. 操作系统是_____的接口。

2. 任务栏上的内容包含_____、_____和_____。

3. 当一个应用程序被最小化后，该应用程序将_____。

4. 在 Windows 操作系统中，剪贴板是用来在程序和文件之间传递信息的临时存储区，此存储区是_____。

5. 在控制面板中使用卸载和更改程序的作用是_____。

6. Windows 7 中，应用程序之间相互切换的快捷键是_____。

7. 不少微软软件的安装程序都具有相同的名字，Windows 系统也是如此，其安装程序的文件名一般为_____。

8. 在 Windows 7 环境中，除了可以使用"资源管理器"管理计算机软硬件资源外，也可以通过_____完成相同的工作。

9. 若已经选择了文件，如果要取消其中几个文件的选定，则应按住_____键的同时，再依次单击各个要取消的文件。

10. 在 Windows 7 的附件中用"画图"软件绘制的图形，保存时默认扩展名为_____。

11. 在 Windows 7 中选择了 C 盘上的一些文件后，单击 Del 键并没有将这些文件真正删除，而是将这些文件移动到_____。

12. 要是 Windows 7 每次启动时都自动执行一个应用程序，只需将这个应用程序的_____放在"启动"文件夹中。

# 第 3 章　Word 2010 字处理软件

## 【本章学习目标】

要求了解 Word 2010 的主要功能，掌握 Word 2010 文档的新建、打开、保存、关闭等基本操作，掌握文档的编辑功能，掌握文档的格式化与排版，掌握表格的制作及图文混排。并能利用 Word 2010 的各种功能制作出丰富多彩的文档。

## 项目3.1　制作一份就业讲座海报

### 【项目要求】

本项目的实验素材在"实验素材 \ 第 3 章 \ "下。

某高校为了使学生更好地进行职场定位和职业准备，提高就业能力，该校学工处将于 2013 年 4 月 29 日（星期五）19：30 - 21：30 在校国际会议中心举办题为"领慧讲堂——大学生人生规划"就业讲座，特别邀请资深媒体人、著名艺术评论家赵蕈先生担任演讲嘉宾。［二级 MS office 高级应用考试真题（截取部分）］

请根据上述活动的描述，利用 Microsoft Word 制作一份宣传海报（宣传海报的参考样式请参考"Word - 海报参考样式 . docx"文件），效果如图 3 - 1 所示。

（1）在"报告人:"位置后面输入报告人姓名（赵蕈）。

（2）根据效果图调整海报内容文字的字号、字体和颜色。

（3）根据效果图页面布局需要，调整海报内容中"报告题目"、"报告人"、"报告日期"、"报告时间"、"报告地点"信息的段落间距。

（4）调整文档版面，要求页面高度 35 厘米，页面宽度 27 厘米，页边距（上、下）为 5 厘米，页边距（左、右）为 3 厘米，并将考生文件夹下的图片"Word - 海报背景图片 . jpg"设置为海报背景。

图 3-1　"海报"项目效果图

【项目目的】

　　学会新建和保存 word 文档；掌握文字录入技巧；掌握文档中字体格式设置；掌握文档的段落格式设置；学会设置页面布局和页面背景。

【项目步骤】

　　第 1 步：将光标定位在"报告人:"位置后面，且输入状态处在"插入"，输入报告人姓名"赵蕈"。

　　第 2 步：选中文本"领慧讲堂就业讲座"，设置字号为"初号"、字体为"微软雅黑"和颜色为"红色"。

　　第 3 步：选中文本"欢迎大家踊跃参加!"，设置字号为"小初"、字体为"华文行楷"和颜色为"白色"。

第 4 步：选中文本"报告题目、报告人、报告日期、报告时间、报告地点、主办"，设置字号为"二号"、字体为"黑体"和颜色为"蓝色"。

第 5 步：选中文本"领慧讲堂就业讲座到校学工处"，单击"开始"选项卡→"段落"组的对话框启动器，打开"段落"对话框，在"行距"中选择的"多倍行距"，在"设置值"中设置"3.5"。

第 6 步：单击"页面布局"选项卡→"页面设置"组的对话框启动器，打开"页面设置"对话框，在"页边距"选项卡中的"页边距"区域中设置页边距（上、下）为 5 厘米，页边距（左、右）为 3 厘米。

第 7 步：在"纸张"选项卡中的"纸张大小"区域设置为"自定义"，然后设置页面高度 35 厘米，页面宽度 27 厘米。

第 8 步：单击"页面布局"选项卡→"页面背景"组的"页面颜色"右侧的下三角，打开"页面颜色"下拉列表，选择"填充效果"，打开"填充效果"对话框，单击"图片"选项卡中的"选择图片"按钮，选择实验素材文件夹（"实验素材 \ 第 3 章 \ "）下的图片"Word–海报背景图片 . jpg"，这样就设置好了海报背景。

## 项目3.2　制作 2022 北京冬奥会宣传栏

**【项目要求】**

本项目的实验素材在"实验素材 \ 第 3 章 \ "下。

1. 打开"2022 北京冬奥会 . docx"文档，首行居中输入华文隶书、二号字体"2022 北京冬奥会"作为标题。

2. 插入"2022 北京冬奥会会徽 . jpg"图片，图片位置为四周文字环绕，垂直对齐方式：相对于行顶端对齐，水平对齐方式：右对齐。

3. 插入剪贴画：在剪贴画任务窗格中搜索文字"运动"，如图 3–2 所示。单击需要的剪贴画插入文档的末尾处。

4. 插入艺术字：插入艺术字"拥抱四方朋友"字样，艺术字效果为"填充–红色，强调文字颜色2"。为艺术字添加效果：发光–红色，8PT 发光，强调文字颜色2；转换–山形；设置艺术字字体为方正舒体，然后调整艺术字大小及位置。如图 3–3 所示。

5. 将此文档以文件名"2022 北京冬奥会 . docx"保存。

图 3－2　"运动"剪贴画

图 3－3　宣传栏效果图

**【项目目的】**

掌握图形的插入及格式的修改；掌握艺术字的插入和编辑方法；掌握文本框的插入；掌握多个对象的层次、组合、对齐等格式的设置。

**【项目步骤】**

第 1 步：单击"2022 年北京冬奥会 . docx"文档图标，打开该文档。

第 2 步：光标定位第一个字符前，回车换行，产生一个空行，输入标题。

第 3 步：选中标题文本，在"开始"选项卡的"字体"组中设置字形、字号。

第 4 步：标定位在文字末尾，在"插入"选项卡中的"插图"组中，选择"图片"按钮，打开"插入图片"对话框，选择"2022 北京冬奥会会徽 . jpg"，单击"插入"按钮。

第 5 步：选中刚插入的图片，在"图片工具/格式"选项卡中的"排列"组中，单击"位置"按钮下拉列表中的"其他布局选项"，打开"布局"对话框，在"位置"和"文字环绕"选项卡中设置环绕方式和对齐方式。

第 6 步：光标定位在文字末尾，在"插入"选项卡中的"插图"组中，选择"剪贴画"按钮，打开"剪贴画搜索"窗格，在搜索文字中输入"运动"，单击"搜索"按钮，单击合适的剪贴画即可插入光标所在位置。

第 7 步：中该剪贴画，剪贴画四周会出现 8 个控制点，鼠标指针放在控制点上，按下左键拖动可以改变剪贴画大小，剪贴画默认是嵌入式的环绕方式，选中"剪贴画"，在"图片工具/格式"选项卡中的"排列"组中，单击"位置"按钮下拉列表中的"其他布局选项"，打开"布局"对话框，可以修改环绕方式和对齐方式。

第 8 步：光标定位在文档合适位置，在"插入"选项卡中的"文本"组中，选择"艺术字"按钮，在下拉列表中选择艺术字效果。

第 9 步：在"绘图工具/格式"选项卡中的"艺术字样式"组中，通过"文本效果"按钮设置艺术字特殊效果。

第 10 步：保存文档。

# 项目 3.3　制作一份"会议秩序册"

**【项目要求】**

本项目的实验素材在"实验素材 \ 第 3 章 \ "下。

北京计算机大学组织专家对《学生成绩管理系统》的需求方案进行评审，为使参会人员对会议流程和内容有一个清晰的了解，需要会议会务组提前制作一份有关评审会的秩序手册。请根据"需求评审会.docx"等相关素材完成编排任务，具体要求如下：［二级 MS office 高级应用考试真题］

1. 将素材文件"需求评审会.docx"另存为"评审会会议秩序册.docx"，并保存于考生文件夹下，以下的操作均基于"评审会会议秩序册.docx"文档进行。

2. 设置页面的纸张大小为 16 开，页边距上下为 2.8 厘米、左右为 3 厘米，并指定文档每页为 36 行。

3. 会议秩序册由封面、目录、正文三大块内容组成。其中，正文又分为四个部分，每部分的标题均已经以中文大写数字一、二、三、四进行编排。要求将封面、目录，以及正文中包含的四个部分分别独立设置为 Word 文档的一节。页码编排要求为：封面无页码；目录采用罗马数字编排；正文从第一部分内容开始连续设置在页脚右侧位置；封面和目录页没有页眉，正文的页眉为"会议秩序册"。

4. 按照素材中"封面.jpg"所示的样例，讲封面上的文字"北京计算机大学《学生成绩管理系统》需求评审会"设置为二号、华文中宋；将文字"会议秩序册"放置在一个文本框中，设置为竖排文字、华文中宋、小一；将其余文字设置为四号、仿宋，并调整到页面合适的位置。

5. 将正文中的标题"一、报到、会务组"设置为一级标题、单倍行距、悬挂缩进 2 字符、段前段后为自动，并以自动编号格式"一、二、……"代替原来的手动编号。其他三个标题"二、会议须知"、"三、会议安排"、"四、专家及会议代表名单"格式，均参照第一个标题设置。

6. 将第一部分（"一、报到、会务组"）和第二部分（二、会议须知）中的正文内容设置为宋体五号字，行距为固定值、16 磅，左、右各缩进 2 字符，首行缩进 2 字符，对齐方式设置为左对齐。

7. 根据素材中的要求自动生成文档的目录，插入目录页中的相应位置，并将目录内容设置为四号字。

【项目目的】

学会设置页眉和页脚；学会插入页码技设置页码格式；学会自动插入目录和设置目录。

【项目步骤】

第 1 步：进入文件夹找到"需求评审会.docx"文件，双击打开。

第 2 步：选择"文件"选项卡→"另存为"，在另存为对话框中输入"评审会会议秩序册.docx"单击"确定"按钮。

第3步：选择"页面布局"选项卡，选择"纸张大小"→"其他页面大小"，选择纸张大小为16开，切换到"页边距"选项卡，设置上下边距为2.8厘米，左右边距为3厘米，单击"确定"按钮。

第4步：鼠标定位在"目录"前面，选择"页面设置"选项卡，单击"页面设置"→"分隔符"→"下一页"插入分节符。

第5步：鼠标定位在"一、报到、会务组"前面，选择"页面设置"选项卡，单击"页面设置"→"分隔符"→"下一页"插入分节符。

第6步：鼠标定位在"二、会议须知"前面，选择"页面设置"选项卡，单击"页面设置"→"分隔符"→"下一页"插入分节符。

第7步：鼠标定位在"三、会议安排"前面，选择"页面设置"选项卡，单击"页面设置"→"分隔符"→"下一页"插入分节符。

第8步：鼠标定位在"四、专家及会议代表名单"前面，选择"页面设置"选项卡，单击"页面设置"→"分隔符"→"下一页"插入分节符。

第9步：鼠标定位于"一、报到、会务组"页页脚，选择"设计"选项卡，在"导航"选项卡里面取消"链接到前一条页面"，单击"页眉和页脚"→"设置页码格式"→"编码格式"选择为阿拉伯数字，设置"起始页码"为1，单击"确定"。选择"开始"选项卡，在"段落"选项卡里面点击"文本右对齐"。

第10步：鼠标定位于"一、报到、会务组"页页眉，选择"设计"选项卡，在"导航"选项卡里面取消"链接到前一条页面"，输入"会议秩序册"。

第11步：选择文字"北京计算机大学《学生成绩管理系统》需求评审会"，选择"开始"选项卡，在"字体"里面设置字体为华文中宋，字号设置为二号。

第12步：选择"插入"选项卡，单击"文本"→"文本框"→"简单文本框"插入文本框，选中文本框，选择"格式"选项卡，点击"文本"→"文字方向"→"垂直"设置文字方向为垂直，单击"形状样式"→"无轮廓"，剪切文字"会议秩序册"复制到文本框里面，选择"开始"选项卡，在"字体"里面设置字体为华文中宋，字号设置为小一。

第13步：调整其余文字到页面合适位置，选择"开始"选项卡，在"段落"选项卡里设置文字为"居中"，在"字体"里面设置字体为仿宋，字号设置为四号。

第14步：选择文字"一、报到、会务组"，选择"样式"里面的"标题1"样式，选择"开始"选项卡，单击"段落"→显示"段落"对话框，设置"特殊格式"为悬挂缩进2字符，"行距"为单倍行距，"段前"和"段后"为自动。

依次办法，设置其他三个标题。

第 15 步：选中"一、报到、会务组"正文部分，选择"开始"选项卡，在"字体"里面设置字体为宋体，字号设置为五号。单击"段落"→显示"段落"对话框按钮，行距设置为固定值、16 磅，左右各缩进 2 字符，"特殊格式"设置为首行缩进 2 字符，对齐方式设置为左对齐。同样的方法设置"二、会议须知"中的正文部分。

第 16 步：切换到"引用"选项卡，点击"目录"→"插入目录"，在弹出的对话框中，单击"修改"按钮，在"样式"对话框中单击"修改"，修改字号为四号，单击"确定"按钮。

项目效果在实验素才文件下"评审会会议秩序册. docx"。

## 项目 3.4　使用表格制作"个人简历"

【项目要求】

制作一份个人简历，效果如图 3 - 4 所示。

求学简历

| 基 | 姓名 | 张三 | 性别 | 男 | 出生日期 | 1995年6月10日 | 照 |
|---|---|---|---|---|---|---|---|
| 本 | 籍贯 | 山东泰安 | 民族 | 汉 | 政治面貌 | 共青团员 | |
| 情 | 曾任职务 | | 班长 | | 身体状况 | 健康 | 片 |
| 况 | 家庭住址 | | ××路××号 | | 联系电话 | ××××××× | |
| 求 | 2001. 09～2006. 07 | | | | 山东省××小学 | | |
| 学 | 2006. 09～2009. 07 | | | | 山东省××中学 | | |
| 经 | 2009. 09～2012. 07 | | | | 济南市××中学 | | |
| 历 | 2012. 09至今 | | | | 山东××学院 | | |
| 个 | 阅读: 读书、读报、看小说; | | | | | | |
| 人 | 运动: 篮球、足球; | | | | | | |
| 爱 | 音乐: 流行的、轻音乐; | | | | | | |
| 好 | 影视: 电影、短剧; | | | | | | |

**图 3 - 4　"个人简历"效果图**

**【项目目的】**

掌握 Word 2010 中创建表格、编辑表格、格式化表格及表格中数据处理的基本方法。

**【项目步骤】**

第 1 步：在 Word 2010 中创建表格。

利用"插入"功能选项卡下的"表格"功能插入一个 9 行 8 列的表格。

|  |  |  |  |  |  |  |  |
|---|---|---|---|---|---|---|---|
|  |  |  |  |  |  |  |  |
|  |  |  |  |  |  |  |  |
|  |  |  |  |  |  |  |  |
|  |  |  |  |  |  |  |  |
|  |  |  |  |  |  |  |  |
|  |  |  |  |  |  |  |  |
|  |  |  |  |  |  |  |  |
|  |  |  |  |  |  |  |  |

第 2 步：合并单元格。

将 A1：A4 合并后录入"基本情况"，B3：C3 合并后录入"曾任职务"、B4：C4 合并后录入"家庭住址"、D3：E3 合并后录入"班长"、D4：E4 合并后录入"经十路 36 号"、H1：H4 合并后录入"照片"、按照同样的方法将其他需要合并的单元格合并。

| 基本情况 | 姓名 | 张三 | 性别 | 男 | 出生日期 | 1995 年 6 月 10 日 | 照片 |
|---|---|---|---|---|---|---|---|
|  | 籍贯 | 山东泰安 | 民族 | 汉 | 政治面貌 | 共青团员 |  |
|  | 曾任职务 |  | 班长 |  | 身体状况 | 健康 |  |
|  | 家庭住址 |  | ××路××号 |  | 联系电话 | ×××××××× |  |
| 求学经历 | 2001.09～2006.07 |  |  |  | 山东省××小学 |  |  |
|  | 2006.09～2009.07 |  |  |  | 山东省××中学 |  |  |
|  | 2009.09～2012.07 |  |  |  | 济南市××中学 |  |  |
|  | 2012.09 至今 |  |  |  | 山东××学院 |  |  |
| 个人爱好 | 阅读：读书、读报、看小说；<br>运动：篮球、足球；<br>音乐：流行的、轻音乐；<br>影视：电影、短剧； |  |  |  |  |  |  |

第 3 步：编辑文字。

录入内容后，将字体设置为"宋体、四号"。对齐方式设置为"水平居中"对齐。

第 4 步：设置边框和底纹。

选中表格后右击，选择"表格属性"，选择"边框和底纹"，将表格的外边框粗细设置为"2.5"磅，内线设置为 1.5 磅。将底纹填充设置为"蓝色、强调文字颜色 1，淡蓝 80%"，样式"12.%，颜色：黑色"。

## 项目 3.5　使用表格制作"学生成绩表"

【项目要求】

制作一份学生成绩表，效果如图 3 - 5 所示。

| 科目<br>姓名 | 语文 | 数学 | 英语 | 计算机 | 总分 |
|---|---|---|---|---|---|
| 周晓健 | 78 | 90 | 89 | 78 | 335 |
| 张子明 | 64 | 84 | 90 | 83 | 321 |
| 欧阳兰 | 67 | 98 | 95 | 90 | 350 |

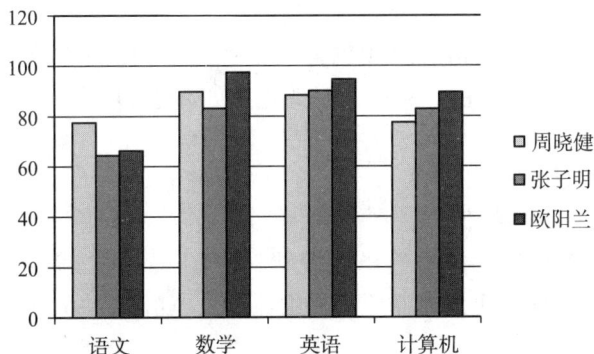

图 3 - 5　"学生成绩表"效果图

【项目目的】

掌握 Word 2010 中表格的斜线表头及表格中数据处理的基本方法；掌握将表

格转换为图表的方法。

**【项目步骤】**

第1步：在 Word 2010 中创建表格。

利用"插入"功能选项卡下的"表格"功能插入一个4行6列的表格。

第2步：绘制斜线表头。

💻将光标定位在 A1 单元格，在"开始"选项卡"段落"功能组中，选择"边框"按钮，从下拉列表框中选择"斜下框线"，即可完成。

💻录入内容后，将字体设置为"宋体、五号"。对齐方式设置为"水平居中"对齐。

| 科目<br>姓名 | 语文 | 数学 | 英语 | 计算机 | 总分 |
|---|---|---|---|---|---|
| 周晓健 | 78 | 90 | 89 | 78 | 335 |
| 张子明 | 64 | 84 | 90 | 83 | 321 |
| 欧阳兰 | 67 | 98 | 95 | 90 | 350 |

第3步：计算平均分和总分。

将光标定位在 F2 单元格，在"布局"选项卡"段落"功能组中，选择"fx 公式"按钮，从弹出的对话框中输入"= sum（left）"，单击确定。同理，计算其他两名同学的成绩。

第4步：设置边框和底纹。

设置所有的成绩单元格底纹颜色为"橙色，强调文字颜色6，淡色60%"，非成绩单元格底纹为"紫色，强调文字颜色4，淡色40%"；表格所有的框线均为"1.5磅，实线"。

第5步：插入图表。

将光标定位在表格的下方，在"插入"选项卡"插图"功能组中选择"图表"按钮，在弹出的对话框中选择"簇状柱形图"，单击确定。在自动产生的 excel 文件中修改数据（可以复制原表格中数据），如图 3-6 所示。保存关掉 excel 文件。插入图表成功。

A6

| | A | B | C | D |
|---|---|---|---|---|
| 1 | | 系列 1 | 系列 2 | 系列 3 |
| 2 | 类别 1 | 4.3 | 2.4 | 2 |
| 3 | 类别 2 | 2.5 | 4.4 | 2 |
| 4 | 类别 3 | 3.5 | 1.8 | 3 |
| 5 | 类别 4 | 4.5 | 2.8 | 5 |
| 6 | | | | |

H3

| | A | B | C | D | E |
|---|---|---|---|---|---|
| 1 | | 语文 | 数学 | 英语 | 计算机 |
| 2 | 周晓健 | 78 | 90 | 89 | 78 |
| 3 | 张子明 | 64 | 84 | 90 | 83 |
| 4 | 欧阳兰 | 67 | 98 | 95 | 90 |

图3－6　插入图表数据（上图为修改前，下图为修改后）

## 项目3.6　使用“邮件合并”批量制作请柬

**【项目要求】**

本项目的实验素材在“实验素材\第3章\”下。

书娟是海明公司的前台文秘，她的主要工作是管理各种档案，为总经理起草各种文件。新年将至，公司定于2013年2月5日下午2：00，在中关村海龙大厦办公大楼五层多功能厅举办一个联谊会，重要客人名录保存在名为“重要客户名录.docx”的Word文档中，公司联系电话为010—66668888。[二级MS office高级应用考试真题]

根据上述内容制作请柬，具体要求如下：

1. 制作一份请柬，以“董事长：王海龙”名义发出邀请，请柬中需要包含标题、收件人名称、联谊会时间、联谊会地点和邀请人。

2. 对请柬进行适当的排版，具体要求：改变字体、加大字号，且标题部分（"请柬"）与正文部分（以"尊敬的×××"开头）采用不相同的字体和字号；加大行间距和段间距；对必要的段落改变对齐方式，适当设置左右及首行缩进，以美观且符合中国人阅读习惯为准。

3. 在请柬的左下角位置插入一幅图片（图片自选），调整其大小及位置，不影响文字排列、不遮挡文字内容。

4. 进行页面设置，加大文档的上边距；为文档添加页眉，要求页眉内容包含本公司的联系电话。

5. 运用邮件合并功能制作内容相同、收件人不同（收件人为"重要客人名录 . docx"中的每个人，采用导入方式）的多份请柬，要求先将合并主文档以"请柬 1. docx"为文件名进行保存，再进行效果预览后生成可以单独编辑的单个文档"请柬 2. docx"。

**【项目目的】**

学会使用邮件合并批量制作请柬。

**【项目步骤】**

第 1 步：新建文档并保存名为"请柬 1. docx"。

第 2 步：在文档书如文本，作为制作请柬的主文档。请柬中包含标题、收件人名称、联谊会时间、联谊会地点和邀请人。文字如下：

请柬

尊敬的：

公司定于 2013 年 2 月 5 日下午 2：00，在中关村海龙大厦办公大楼五层多功能厅举办一个联谊会。

敬请光临！

海明公司董事长：王海龙

第 3 步：对请柬进行适当的排版。

第 4 步：改变字体、加大字号，且标题部分（"请柬"）与正文部分（以"尊敬的×××"开头）采用不相同的字体和字号；加大行间距和段间距；对必要的段落改变对齐方式，适当设置左右及首行缩进。

第 5 步：单击"插入"选项卡→"插图"组→"剪贴画"按钮，插入剪贴画。并设置剪贴画的环绕方式为"四周环绕形"。

第 6 步：单击"插入"选项卡→"页眉和页脚"组→"页眉"按钮，插入页眉，输入"联系电话：010—66668888"。

第 7 步：单击"页面布局"选项卡→"页面设置"组→"页边距"按钮，

设置页面的页边距。

第 8 步："邮件"选项卡→"开始邮件合并"组→"开始邮件合并"→选择"信函"。

第 9 步：在"选择收件人"中选择"使用现有列表"按钮，弹出"选择数据源"对话框，找到"重要客户名录.docx"后单击"打开"。

第 10 步：将鼠标定位在"尊敬的："后面，在"编写和插入域"组选择"插入合并域"，在下拉列表中选择"姓名"，将文档另存为"请柬 1"。

第 11 步：在"编写和插入域"组选择"完成并合并"→"编辑单个文档"，在弹出的对话框中选择"全部"，单击确定。将文档另存为"请柬 2"。

第 12 步：关闭两个文档。项目效果在实验素材目录下"请柬 1.docx"和"请柬 2.docx"。

## 综合练习 3

一、单项选择题

1. 选定一个段落正确的方法是_____。
   A. 鼠标指针指向左侧的选定区，单击左键
   B. 鼠标指针指向左侧的选定区，双击左键
   C. 鼠标指针指向该段内任意位置，双击左键
   D. 按下 PageDown 键

2. 将文档中一部分文本内容复制到别处，首先要进行的操作是_____。
   A. 粘贴　　　B. 复制　　　C. 选择　　　D. 剪切

3. 在 Word 文档编辑时，移动段落的操作是_____。
   A. 选定段落、剪切、粘贴　　　B. 选定段落、剪切、复制
   C. 选定段落、复制、粘贴　　　D. 选定段落、剪切、置插入点、粘贴

4. 在 Word 2010 保存文件的扩展名是_____，如果要让老版本也能打开该文档，必须保存老版本兼容模式。
   A. dots　　　B. docx　　　C. dox　　　D. doc

5. 按住_____键不放，拖动鼠标，可在文本区创建一个矩形选区
   A. Ctrl　　　B. Shift　　　C. Alt　　　D. Tab

6. Word 具有分栏功能，下列关于分栏的说法中，正确的是_____。
   A. 最多可以设 4 栏　　　B. 各栏的宽度必须相同
   C. 各栏的宽度可以不相同　　　D. 各栏之间的距离是固定的

7. 在 Word 的编辑状态，选择了文档全文，若在段落对话框中设置行距为 20 磅的格式，应当选择行距列表框中_____。
   A. 单倍行距　　　B. 1.5 倍行距　　　C. 固定值　　　D. 多倍行距

8. 在对 Word 的正文进行编辑时，选择了页眉命令后_____。

    A. 插入点仍在文档的正文        B. 插入点被移到页眉编辑区

    C. 插入点被移到页脚的编辑区    D. 插入点的位置不变

9. Word 中给选定的段落、表单元格及图形四周添加的线条称为_____。

    A. 图文框        B. 底纹        C. 表格        D. 边框

10. 在 Word 中，表格"设计"功能区下的"擦除"命令的作用_____。

    A. 擦除不需要的边框线        B. 擦除表格底纹

    C. 擦除表格内容        D. 擦除表格格式

11. 在表格编辑中，如果需要表格的各行高度一样，可以使用_____。

    A. 平均分布各列        B. 平均分布各行

    C. 固定列宽大        D. 固定行高

12. 在 Word 编辑状态下，若想将表格中连续三列的列宽调整为 1 厘米，应该先选中这三列，然后单击_____。

    A. "布局"选项卡下的"平均分布各列"

    B. "布局"选项卡下属性按钮

    C. "设计"选项卡下"表格样式"

    D. "布局"选项卡下"平均分布各行"

13. Word 中利用插入表格命令插入表格最大行列有_____。

    A. 八行十列        B. 五行四列        C. 四行四列        D. 五行五列

14. 在 Word 中，如果当前光标在表格中最后一行的最后一个单元格，按 TAB 键后_____。

    A. 光标所在行加宽        B. 光标所在列加宽

    C. 在光标所在行下增加一行    D. 对表格不起作用

15. 在 Word 编辑状态下，对表格进行拆分操作时，_____。

    A. 一个表格只能拆分成上下两个

    B. 一个表格只能拆分成上下两个或左右两个

    C. 对表格单元的拆分或合并，只能左右水平进行

    D. 对表格单元的拆分要上下垂直进行，合并要左右水平进行

16. 如想实现图片位置的微调，可以使用_____的方法

    A. Shift 键和方向键        B. Del 键和方向键

    C. Ctrl 键和方向键        D. Alt 键和方向键

17. 对文本框的描述正确的是_____。

    A. 文本框的文字排列不分横竖

    B. 文本框的大小不能改变

    C. 文本框的边框可以根据需要进行设置

    D. 文本框内文字大小不能改变

18. 下列选项中，哪个不是图片的环绕方式_____。

    A. 四周环绕型     B. 紧密环绕型     C. 嵌入型环绕     D. 左右型环绕

19. _____可以选定所有图片

    A. 按住鼠标左键拖动选择图片     B. 用选择对象命令选定所要图片

    C. 按住鼠标右键拖动选择图片     D. 按住 Ctrl 键来逐一选定所有图形

20. 插入 Word 中的图片如果想设置为三维效果，可以使用_____。

    A. "格式"选项卡下的"图片效果"命令

    B. "格式"选项卡下的"图片版式"命令

    C. "格式"选项卡下的"艺术效果"命令

    D. "格式"选项卡下的"图片边框"命令

21. 当文档插入新的目录之后，如果内容有了变化，页码也会发生变化，此时目录就需要更新。更新目录的步骤是：回到目录页，用鼠标右键单击目录区域，选择"更新域"，会弹出相应的对话框，选定"_____"后单击"确定"。

    A. 增加新页码     B. 删除原页码     C. 只更新页码     D. 更新整个目录

22. _____是一篇文档最后所加的注视，一般用于标明所引用的文献，通常放在文档的结尾处。

    A. 批注     B. 尾注     C. 脚注     D. 自动图文集

23. _____所解释的本页中的内容，通常放在本页底部。

    A. 批注     B. 尾注     C. 脚注     D. 自动图文集

24. 在 Word 编辑状态下，先后打开了 A. docx 文档和 B. docx 文档，则_____。

    A. A. docx 和 B. docx 可以同时显示在电脑窗口上

    B. 只能显示 A. docx 文档窗口

    C. 只能显示 B. docx 文档窗口

    D. A. docx 文档窗口显示在 B. docx 文档后面

25. 关于 Word 查找操作的说法错误的是_____。

    A. 可以使用通配符查找

    B. 可以查找带格式的文本

    C. 可以查找一些特殊格式符号，如分页符等

    D. 每次查找操作都是在整个文档范围内操作

**二、多项选择题**

1. 在"表格属性"对话框中可以设置_____。

    A. 单元格中文字对齐方式     B. 文字环绕方式

    C. 表格的宽度和底纹     D. 表格的行高或列宽

2. 在 Word 多文档窗口编辑方式下转换文档窗口的方法有_____。

    A. 利用"窗口"菜单进行切换     B. 利用任务栏中的 Word 文档按钮

    C. 按 Ctrl + Tab 键     D. 按 Alt + Tab 键

3. 打开 Word "查找和替换"对话框的快捷键有_____。

    A. Ctrl + F         B. Ctrl + H         C. Ctrl + G         D. Ctrl + A

4. 对 Word 文档中插入的图片可进行操作_____。

    A. 移动图片                     B. 改变图片尺寸

    C. 删除图片背景               D. 设置图片的环绕方式

5. 下列关于页眉、页脚描述正确的有_____。

    A. 页眉、页脚不可同时出现

    B. 页眉、页脚的字体、字号为固定值，不能够修改

    C. 页眉默认居中，页脚默认左齐，也可改变它们的对齐方式

    D. 用鼠标双击页眉、页脚后可对其进行修改

6. 在 Word 中，下列描述正确的是_____。

    A. 可改变文字的字体字号

    B. 在同一行中文字的字体必须相同

    C. 按住鼠标左键不放，拖动鼠标可选中要操作的内容

    D. 可在文档中插入图片

7. 在 Word 中能插入的图像的类型有

    A. 来自文件的图片               B. 形状

    C. 屏幕截图                     D. SmartArt

8. Word 文档的页面设置中，可以进行的操作是_____。

    A. 设置页面背景     B. 设置页边距     C. 设置纸张大小     D. 设置纸张来源

9. 通过_____可以更换当前窗口的视图方式。

    A. 窗口右下角的视图切换按钮

    B. "开始"选项卡，"样式"组中的选项

    C. "视图"选项卡，"文档视图"组中的选项

    D. "页面布局"选项卡，"页面设置"组中的选项

10. 关于 Word 文档页码的设置的叙述正确的是_____。

    A. 页码可以设置在页面纵向两侧     B. 页码可以放在光标的位置

    C. 页码显示格式可以自定义         D. 可以设置首页不显示页码

### 三、判断题

1. 复制命令是指把所选的文字和图形复制到剪贴板上。            (    )

2. Word 编辑状态中，误操作的最快捷的纠正方法是单击撤销按钮。  (    )

3. 当用户执行了剪切或复制命令后，只能执行粘贴命令一次。     (    )

4. 在 Word 中，不能在编辑区的任意位置编辑内容。          (    )

5. 在 Word 2010 中种用 SmartArt 可以很轻松的绘制程序流程图。 (    )

6. 在 Word 2010 可以使用"裁剪"命令将图片裁剪成自绘图形中的任意图形。 (    )

7. "屏幕截图"命令每次可以截取多张图片。                (    )

8. 在分栏对话框的栏数输入框中可以设置文档分成的栏数。     (    )

9. 设置了页面背景后不能将其打印出来。　　　　　　　　（　　　）

10. 在创建目录时，不能设置显示级别。　　　　　　　　　（　　　）

11. 添加项目符号和编号是在"开始"功能选项卡的"段落"窗格中。（　　　）

12. 用绘制表格命令只能绘制出黑色的表格。　　　　　　　（　　　）

13. 合并单元格是指将两个单元格合成一个。　　　　　　　（　　　）

14. 表格的边框线的粗细是固定的，不能修改。　　　　　　（　　　）

15. 利用 Word 中的邮件合并命令可以轻松的制作出准考证。（　　　）

## 四、填空题

1. _____是最常用的视图，适用于图像对象操作，以及页眉、页脚和页码等附加内容的编辑。

2. 单击"文件"选项卡，可以进行_____文档，打开文档、_____文档等系统文件的操作。

3. 在 Word 文档正文中段落对齐方式有左对齐、右对齐、居中对齐、_____和分散对齐 5 种对齐方式。

4. 默认情况下，Word 中的中文字符采用_____字，段落采用_____行距。

5. 按住_____键不放，拖动鼠标，可在文本区创建一个矩形选区。

6. 在 Word2010 中，完成邮件合并需要两部分内容，一部分是_____；另一部分是数据源文件。

7. _____工具按钮可以将字符和段落的格式快速复制到其他文本上。

8. Word 文档中的段落标记是在输入_____键之后产生的。

9. 页眉和页脚是文档页面中心到顶部和底部的区域，用户可以根据实际需要添加_____不同和_____不同的页眉页脚。

10. 当插入的图片中有多余的部分时，用户可以使用_____操作，将图中多余的部分删除。

11. 在 Word 中文本框分_____和_____两种。

12. 使用表格中_____功能，可以快速插入预先设置好格式的表格。

13. 使用_____命令，可以将一个单元格拆分成多个单元格，使用_____命令，可以将多个单元格合并成一个单元格。

14. 默认情况下，新制作的表格都在页面的左边，用户可以通过改变对齐方式来设置表格在页面中的位置。表格有三种对齐方_____、_____、_____。

15. 在 Word 2010 表格中，sum（　　）的功能_____，average（　　）的功能是_____。

16. Word 2010 中表格求单元格上方数据和的公式是_____。

17. 如果要精确设置行高与列宽，可以使用_____来设置。

18. 在 Word 2010 中插入艺术字的方法是选择"插入"选项卡下的_____组里的艺术字命令。

19. 在 Word，插入和改写状态可以用_____键进行切换。

20. 首字下沉方式有_____和_____两种。

**五、操作题**

素材文件在"实验素材 \ 第 3 章 \ "下。

某出版社的编辑小刘手中有一篇有关财务软件应用的书稿"会计电算化节节高升.docx"，打开该文档，按下列要求帮助小刘对书稿进行排版操作并按原文件名进行保存：

1. 按下列要求进行页面设置：纸张大小 16 开，对称页边距，上边距 2.5 厘米、下边距 2 厘米，内侧边距 2.5 厘米，外侧边距 2 厘米，装订线 1 厘米，页脚距边界 1.0 厘米。

2. 书稿中包含三个级别的标题，分别用"（一级标题）"、"（二级标题）"、"（三级标题）"字样标出。按下列要求对书稿应用样式、多级列表、并对样式格式进行相应修改。

3. 样式应用结束后，将书稿中各级标题文字后面括号中的提示文字及括号"（一级标题）"、"（二级标题）"、"（三级标题）"全部删除。

4. 书稿中有若干表格及图片，分别在表格上方和图片下方的说明文字左侧添加形如"表 1 – 1"、"表 2 – 1"、"图 1 – 1"、"图 2 – 1"的题注，其中连字符" – "前面的数字代表章号、" – "后面的数字代表图表的序号，各章节图和表分别连续编号。添加完毕，将样式"题注"的格式修改为仿宋、小五号字、居中。

5. 在书稿中用红色标出的文字的适当位置，为前两个表格和前三个图片设置自动引用其题注号。为第 2 张表格"表 1 – 2 好朋友财务软件版本及功能简表"套用一个合适的表格样式，保证表格第 1 行在跨页时能够自动重复，且表格上方的题注与表格总在一页上。

6. 在书稿的最前面插入目录，要求包含标题第 1 – 3 级及对应页号。目录、书稿的每一章均为独立的一节，每一节的页码均以奇数页为起始页码。

7. 目录与书稿的页码分别独立编排，目录页码使用大写罗马数字（1、11、111…），书稿页码使用阿拉伯数字（1、2、3…）且各章节间连续编码。除目录首页和每章首页不显示页码外，其余页面要求奇数页页码显示在页脚右侧，偶数页页码显示在页脚左侧。

8. 将考生文件夹下的图片"Tulips.jpg"设置为本文稿的水印，水印处于书稿页面的中间位置、图片增加"冲蚀"效果。

# 第4章  Excel 2010 电子表格处理软件

【本章学习目标】

了解 Excel 2010 的功能、启动、退出及窗口的组成。

掌握 Excel 2010 的基本操作：工作簿的新建、打开、保存、退出，工作表的插入、删除、重命名、隐藏、复制、移动，单元格中数据的输入及编辑，行、列、单元格的管理，查找与替换，公式的使用，批注的插入、删除、编辑。

掌握 Excel 的输入、排序、筛选的操作，图表的建立，工作表的打印。

## 项目4.1  销售订单明细表的编辑

【项目要求】

本项目的实验素材在"实验素材 \ 第4章 \ "下。

李霞同学参加应聘一家计算机图书销售公司的市场部助理一职，需要完成以下面试题，请你帮李霞同学来完成吧。

请打开第4章/素材/ "Excel. xlsx" 文件，按照以下要求完成工作：

1. 将工作簿1中的 sheet1 工作表重命名为："订单明细表"。

2. 将工作簿1中的"编号对照"工作表移动到"统计报告"工作表前。

3. 设置"编号对照"工作表标签颜色为"红色"。

4. 将该工作簿另存为"图书销售订单明细表"。

【项目目的】

掌握工作簿的新建、保存，工作表的插入、重命名，单元格中数据的输入及编辑，行、列、单元格的管理等操作。

【项目步骤】

第1步：将 Excel. xlsx 中的 sheet1 工作表重命名为："订单明细表"。

🖥打开第4章/素材/Excel. xlsx，双击"sheet1"工作表标签，进入编辑状态；

🖥输入"订单明细表"即可。如图4-1所示。

| 16 | BTW-08014 | 2011年1月13日 | 隆华书店 |
| 17 | BTW-08015 | 2011年1月15日 | 鼎盛书店 |
| 18 | BTW-08016 | 2011年1月16日 | 鼎盛书店 |
| 19 | BTW-08017 | 2011年1月16日 | 鼎盛书店 |
| 20 | BTW-08018 | 2011年1月17日 | 鼎盛书店 |
| 21 | BTW-08019 | 2011年1月18日 | 博达书店 |
| 22 | BTW-08020 | 2011年1月19日 | 鼎盛书店 |
| 23 | BTW-08021 | 2011年1月22日 | 博达书店 |
| 24 | BTW-08022 | 2011年1月23日 | 博达书店 |
| 25 | BTW-08023 | 2011年1月24日 | 隆华书店 |
| 26 | BTW-08024 | 2011年1月24日 | 鼎盛书店 |
| 27 | BTW-08025 | 2011年1月25日 | 鼎盛书店 |

订单明细表 统计报告 编号对照

图 4 - 1　重命名工作表

第 2 步：将 Excel. xlsx 中的"编号对照"工作表移动到"统计报告"工作表前。

💻左键单击"编号对照"工作表，然后右键单击，从快捷菜单中选择"移动或复制"命令，打开"移动或复制工作表"对话框。

💻在"移动或复制工作表"对话框中，工作簿文本框中选择默认的"工作簿 1"，在"下列选中工作表之前"文本框中选择"统计报告"，单击确定即可。如图 4 - 2 所示。

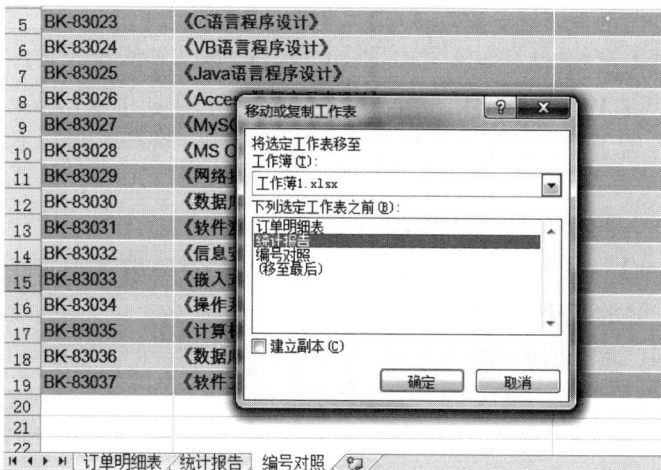

图 4 - 2　移动工作表

第3步：设置"编号对照"工作表标签颜色为"红色"。

右键单击"编号对照"工作表标签，从快捷菜单中选择"工作表标签颜色"命令，从颜色列表中选择"红色"即可，如图4-3所示。

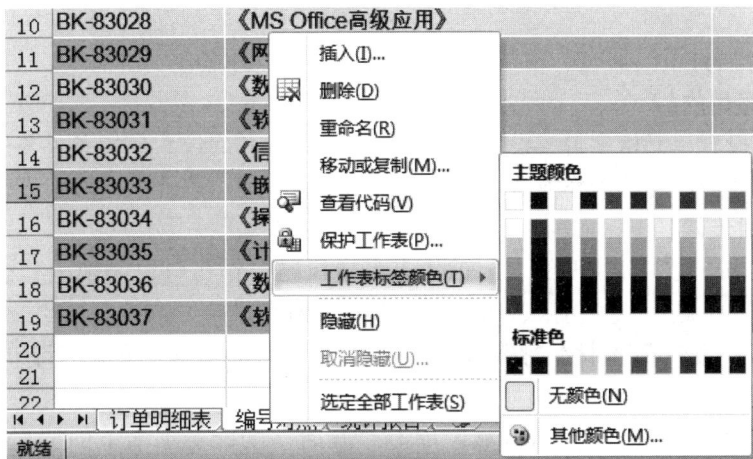

图 4-3　设置工作表标签颜色

第4步：将该工作簿另存为"图书销售订单明细表"。

🖳单击"文件"菜单，从下拉列表中选择"另存为"命令，弹出"另存为"对话框。

🖳在"另存为"对话框中，选择合适的保存位置，输入文件名"图书销售订单明细表"，单击"确定"即可。

## 项目 4.2　美化"图书销售订单明细表"

【项目要求】

本项目的实验素材在"实验素材 \ 第 4 章 \"下。

李霞同学参加应聘一家计算机图书销售公司的市场部助理一职，需要完成以下面试题，请你帮李霞来完成吧。

请你打开：第 4 章/素材/"图书销售订单明细表.xlsx"文件，按照以下要求完成工作：

1. 使"订单明细表"工作表表格标题"销售订单明细表"合并居中对齐，并将标题设置为仿宋_GB2312、16 号字、加粗、红色。

2. 适当加大"订单明细表"工作表中的行高和列宽，设置居中对齐方式。

3. 将"编号对照"工作表中的"定价"列设置单元格格式为会计专用，保留2位小数。

4. 将"订单明细表"中销量为大于等于40本的单元格设置为黄色填充红色字体。

5. 将"订单明细表"中A1：H636区域添加内外黑色实线框线。

**【项目目的】**

掌握设置单元格字符、设置单元格格式、边框和底纹、使用条件格式、清除单元格格式或内容等操作方法。

**【项目步骤】**

第1步：使"订单明细表"工作表表格标题"销售订单明细表"合并居中对齐，并将标题设置为仿宋、16号字、加粗、红色。

💻打开第4章/素材/"图书销售订单明细表"工作簿，单击"订单明细表"工作表；

💻选中A1：H1单元格区域，单击"开始"功能选项卡下的"对齐方式"窗格中的"合并后居中"命令，如图4－4所示。

图4－4 合并及居中

💻选中标题，单击单击"开始"功能选项卡下的"字体"窗格，选择字体为"仿宋"，设置字号为16，颜色为红色，加粗。

第2步：适当加大"订单明细表"工作表中的行高和列宽，设置居中对齐方式。

💻选中"订单明细表"中的A1：H636单元格区域；

💻单击"开始"功能选项卡下的"单元格"窗格的下拉列表，选择"行高"命令，弹出"行高"对话框，如图4－5（a）所示。

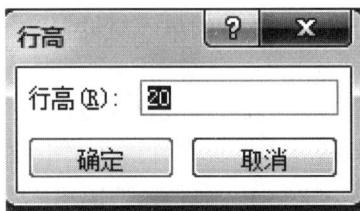

图 4 – 5 （a）

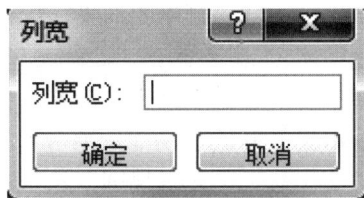

图 4 – 5 （b）

🖥在对话框中输入行高值 20 左右，单击"确定"即可；

🖥单击"单元格"窗格的下拉列表，选择"列宽"命令，弹出"列宽"对话框，如图 4 – 5 （b）所示，输入 18 左右值，单击"确定"即可。

第 3 步：将"编号对照"工作表中的"定价"列设置单元格格式为会计专用，保留 2 位小数。

🖥单击"编号对照"工作表，选中"定价"列；

🖥右键单击"定价"列，从下拉列表中选择"设置单元格格式"命令，弹出"设置单元格格式"对话框，如图 4 – 6 所示。

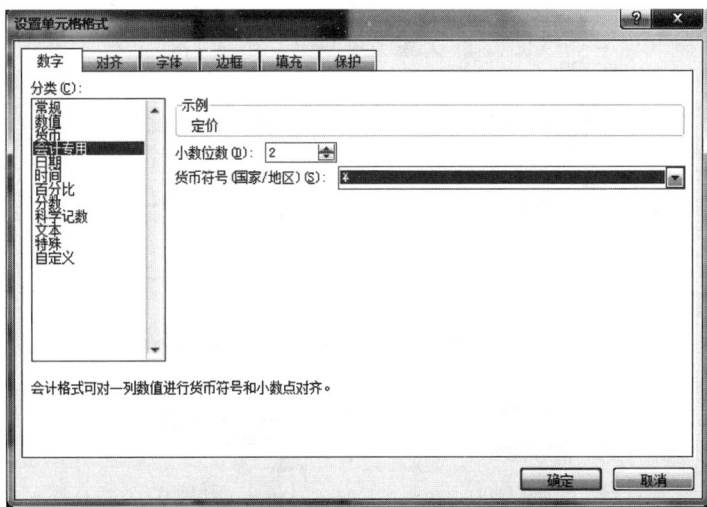

图 4 – 6　"设置单元格格式"对话框

🖥在"设置单元格格式"对话框中，单击"数字"选项卡，在"分类"中选中"会计专用"，小数位数设置为 2 位，货币符号选择人民币符号。

第4步：将"订单明细表"中销量为大于等于40本的单元格设置为黄色填充红色字体。

💻单击"订单明细表"工作表标签，选中 G3：G636 单元格区域；

💻单击"开始"功能选项卡下的"样式"窗格中的"条件格式"下拉列表，选择"突出显示单元格规则"列表框中的"其他规则"命令，如图 4-7 所示，弹出"新建格式规则"对话框，如图 4-8 所示。

💻在"新建格式规则"对话框中"选择规则类型"列表框中选择"只为包含以下内容的单元格设置格式"，在"编辑规则说明"中选择"大于或等于"，值输入40；

💻单击"格式"命令，弹出"设置单元格格式"对话框，单击"填充"选项卡，选择"黄色"，单击"字体"选项卡，设置字体颜色为红色，单击"确定"。

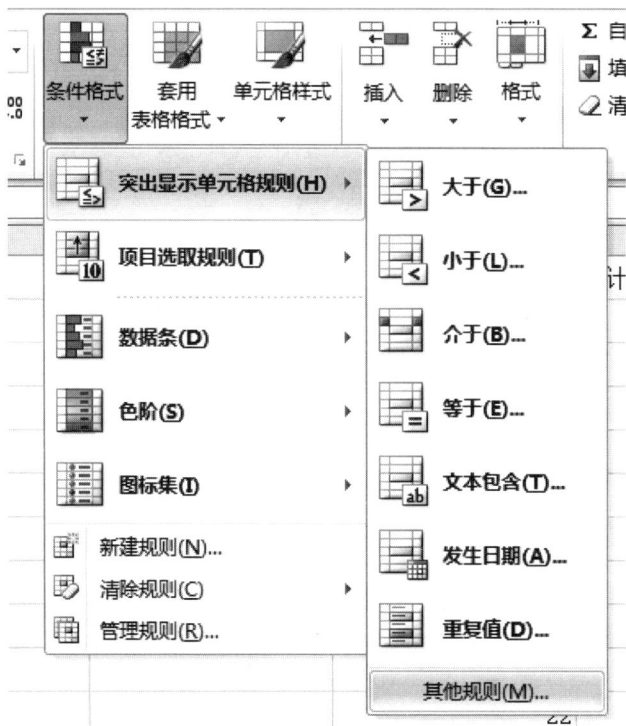

图 4-7　条件格式

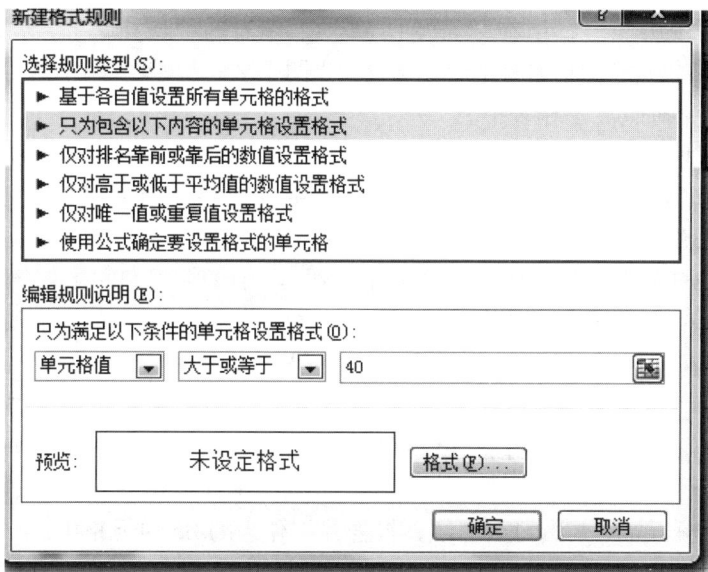

图 4-8　"新建格式规则" 对话框

第 5 步：将"订单明细表"中数据区域添加内外黑色实线框线。

选中"订单明细表"中的 A1：H636 单元格区域，单击"开始"功能选项卡下的"字体"窗格中的"边框"下拉列表，选择"所有框线"命令。

## 项目 4.3　"图书销售订单明细表"数据处理

【项目要求】

本项目的实验素材在"实验素材 \ 第 4 章 \ "下。

小李今年毕业后，在一家计算机图书销售公司担任市场部助理，主要的工作职责是为部门经理提供销售信息的分析和汇总。[ 二级 MS office 高级应用考试真题]

请你打开第 4 章/素材/"订单明细表.xlsx"文件，按照以下要求完成统计和分析工作：

1. 请对"订单明细"工作表进行格式调整，通过套用表格格式方法将所有的销售记录调整为一致的外观格式，并将"单价"列和"小计"列所包含的单元格调整为"会计专用"（人民币）数字格式。

2. 根据图书编号，请在"订单明细"工作表的"图书名称"列中，使用 VLOOKUP 函数完成图书名称的自动填充。"图书名称"和"图书编号"的对应关系在"编号对照"工作表中。

3. 根据图书编号，请在"订单明细"工作表的"单价"列中，使用 VLOOKUP 函数完成图书单价的自动填充。"单价"和"图书编号"的对应关系在"编号对照"工作表中。

4. 在"订单明细"工作表的"小计"列中，计算每笔订单的销售额。

5. 根据"订单明细"工作表中的销售数据，统计所有订单的总销售金额，并将其填写在"统计报告"工作表的 B3 单元格中。

6. 根据"订单明细"工作表中的销售数据，统计《MS Office 高级应用》图书在 2012 年的总销售额，并将其填写在"统计报告"工作表的 B4 单元格中。

7. 根据"订单明细"工作表中的销售数据，统计隆华书店在 2011 年第 3 季度的总销售额，并将其填写在"统计报告"工作表的 B5 单元格中。

8. 根据"订单明细"工作表中的销售数据，统计隆华书店在 2011 年的每月平均销售额（保留 2 位小数），并将其填写在"统计报告"工作表的 B6 单元格中。

9. 保存"订单明细表 . xlsx"文件。

【项目目的】

掌握公式和函数的使用方法，掌握排序和筛选的设置方法以及分类汇总的方法。

【项目步骤】

第 1 步：请对"订单明细"工作表进行格式调整，通过套用表格格式方法将所有的销售记录调整为一致的外观格式，并将"单价"列和"小计"列所包含的单元格调整为"会计专用"（人民币）数字格式。

💻打开"订单明细表 . xlsx" Excel 工作簿文档。

💻首先选择 A2：H636 单元格，然后单击"开始"选项卡→"样式"组→"套用表格格式"按钮，在弹出的套用表格格式中选择其一即可，如图 4 - 9 所示。

💻首先选择 F2：F363，按住 CTRL 键，再选择 H2：H363 单元格，然后单击"开始"选项卡→"数字"组的对话框启动器，打开"设置单元格格式"对话框，在"数字"选项卡的"分类"中选择"会计专用"。

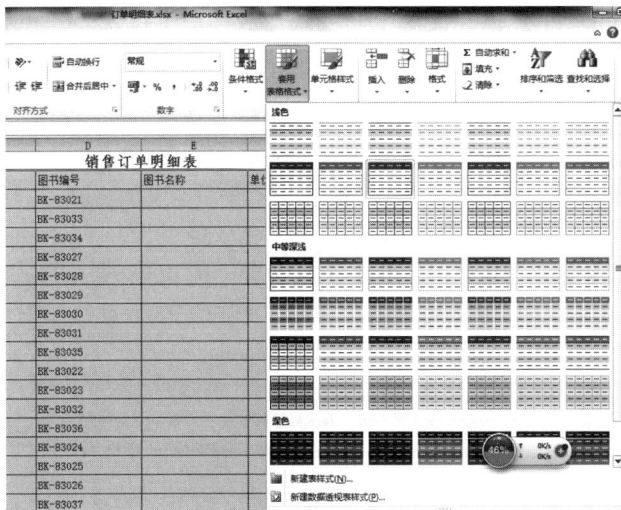

图 4 - 9　套用表格样式

第 2 步：根据图书编号，请在"订单明细"工作表的"图书名称"列中，使用 VLOOKUP 函数完成图书名称的自动填充。"图书名称"和"图书编号"的对应关系在"编号对照"工作表中。

💻选择"订单明细表"的 E3 单元格，然后单击"公式"选项卡→"插入函数"按钮，打开"插入函数"对话框，在该对话框中选择函数"VLOOKUP"，在打开的"函数参数"对话框中进行参数设置，完成后的结果是"= VLOOKUP (D3, 表2 [[#全部], [图书编号]: [图书名称]], 2)"，然后单击"确定"即可完成运算，如图 4 - 10 所示。

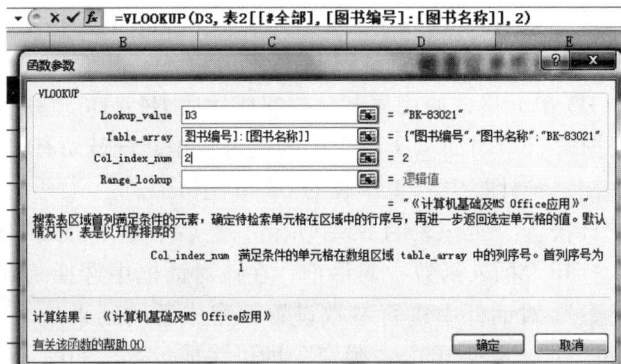

图 4 - 10　VLOOKUP 函数

💻然后选择 E3 单元格，使用复制公式完成然后 E4：E636 单元格的运算。

第 3 步：根据图书编号，请在"订单明细"工作表的"单价"列中，使用 VLOOKUP 函数完成图书单价的自动填充。"单价"和"图书编号"的对应关系在"编号对照"工作表中。

💻首先选择"订单明细表"的 F3 单元格，然后单击"公式"选项卡→"插入函数"按钮，打开"插入函数"对话框，在该对话框中选择函数"VLOOKUP"，在打开的"函数参数"对话框中进行参数设置，完成后的结果是" = VLOOKUP（D3，表 2［#全部］，3）"，然后单击"确定"即可完成运算，如图 4 - 11 所示。

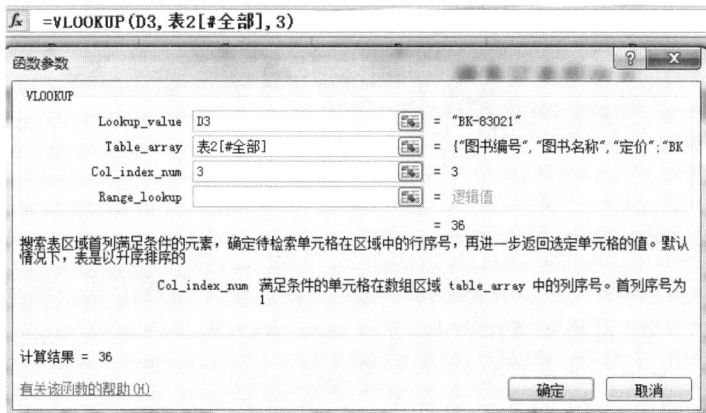

图 4 - 11   VLOOKUP 函数

💻然后选择 F3 单元格，使用复制公式完成然后 F4：F636 单元格的运算。

第 4 步：在"订单明细"工作表的"小计"列中，计算每笔订单的销售额。

💻选择"订单明细表"的 H3 单元格，然后在 H3 单元格中直接输入公式" = F3 * G3"，然后按回车键即可。

💻然后选择 H3 单元格，使用复制公式完成然后 H4：H636 单元格的运算。

第 5 步：根据"订单明细"工作表中的销售数据，统计所有订单的总销售金额，并将其填写在"统计报告"工作表的 B3 单元格中。

💻选择"统计报告"工作表的 B3 单元格，然后单击"公式"选项卡→"插入函数"按钮，打开"插入函数"对话框，在该对话框中选择函数"SUM"，在打开的"函数参数"对话框中进行参数设置，完成后的结果是" = SUM（订单明细表! H3：H636)"，然后单击"确定"即可完成运算，如图 4 - 12 所示。

=SUM(订单明细表!H3:H636)

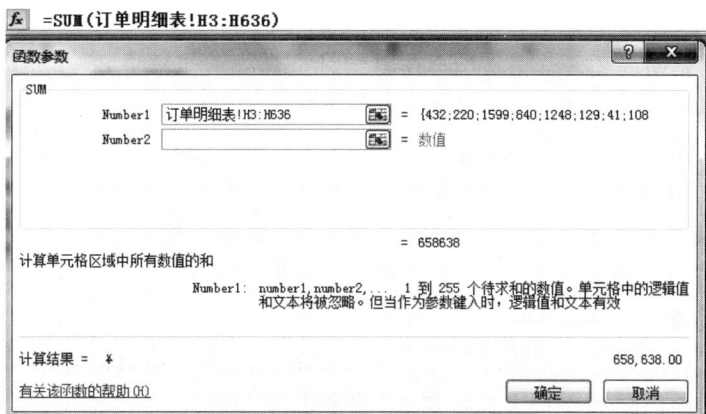

图 4-12 销售总量计算

第 6 步：根据"订单明细"工作表中的销售数据，统计《MS Office 高级应用》图书在 2012 年的总销售额，并将其填写在"统计报告"工作表的 B4 单元格中。

选择"统计报告"工作表的 B4 单元格，然后单击"公式"选项卡→"插入函数"按钮，打开"插入函数"对话框，在该对话框中选择函数"SUMIFS"，在打开的"函数参数"对话框中进行参数设置，完成后的结果是" = SUMIFS（订单明细表！H3：H636，订单明细表！D3：D636，"K - 83021"，订单明细表！B3：B636，"> =2012 - 1 - 1"，订单明细表！B3：B636，"< =2012 - 12 - 31"）"，即可完成运算，如图 4 - 13 所示。

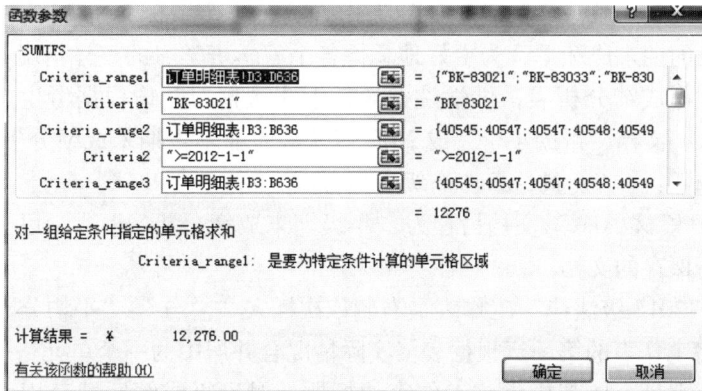

图 4-13 多条件函数

第7步：根据"订单明细"工作表中的销售数据，统计隆华书店在2011年第3季度的总销售额，并将其填写在"统计报告"工作表的B5单元格中。

💻选择"统计报告"工作表的B5单元格，然后单击"公式"选项卡→"插入函数"按钮，打开"插入函数"对话框，在该对话框中选择函数"SUMIFS"，在打开的"函数参数"对话框中进行参数设置，完成后的结果是"＝SUMIFS（订单明细表！H3：H636，订单明细表！C3：C636，"隆华书店"，订单明细表！B3：B636，"＞＝2011－7－1"，订单明细表！B3：B636，"＜＝2011－9－30"）"，即可完成运算。

第8步：根据"订单明细"工作表中的销售数据，统计隆华书店在2011年的每月平均销售额（保留2位小数），并将其填写在"统计报告"工作表的B6单元格中。

💻选择"统计报告"工作表的B6单元格，然后单击"公式"选项卡→"插入函数"按钮，打开"插入函数"对话框，在该对话框中选择函数"SUMIFS"，在打开的"函数参数"对话框中进行参数设置，完成后的结果是"＝SUMIFS（订单明细表！H3：H636，订单明细表！C3：C636，"隆华书店"，订单明细表！B3：B636，"＞＝2011－1－1"，订单明细表！B3：B636，"＜＝2011－12－31"）/12"，即可完成运算。

## 项目4.4　"年级期末成绩分析"表综合处理

【项目要求】

本项目的实验素材在"实验素材＼第4章＼"下。

小李是北京某政法学院教务处的工作人员，法律系提交了2012级四个法律专业教学班的期末成绩单，为更好地掌握各个教学班学习的整体情况，教务处领导要求她制作成绩分析表，供学院领导掌握宏观情况。请根据考生文件夹下的"素材．xlsx"文档，帮助小李完成2012级法律专业学生期末成绩分析表的制作。具体要求如下：〔二级MS office高级应用考试真题〕

1. 将"素材．xlsx"文档另存为"年级期末成绩分析．xlsx"，以下所有操作均基于此新保存的文档。

2. 在"2012级法律"工作表最右侧依次插入"总分"、"平均分"、"年级排名"列；将工作表的第一行根据表格实际情况合并居中为一个单元格，并设置合适的字体、字号，使其成为该工作表的标题。对班级成绩区域套用带标题行的"表样式中等深浅15"的表格格式。设置所有列的对齐方式为居中，其中排名为整数，其他成绩的数值保留 1 位小数。

3. 在"2012 级法律"工作表中，利用公式分别计算"总分"、"平均分"、"年级排名"列的值。对学生成绩不及格（小于 60）的单元格套用格式突出显示为"黄色（标准色）填充色红色（标准色）文本"。

4. 在"2012 级法律"工作表中，利用公式、根据学生的学号，将其班级的名称填入"班级"列，规则为：学号的第三位为专业代码、第四位代表班级序号，即 01 为"法律一班"，02 为"法律二班"，03 为"法律三班"，04 为"法律四班"。

5. 根据"2012 级法律"工作表，创建一个数据透视表，放置于表名为"班级平均分"的新工作表中，工作表标签颜色设置为红色。要求数据透视表中按照英语、体育、计算机、近代史、法制史、刑法、民法、法律英语、立法法的顺序统计各班成绩的平均分，其中行标签为班级。为数据透视表格内容套用带标题行的"数据透视表样式中等深浅 15"的表格格式，所有列的对齐方式设为居中，成绩的数值保留 1 位小数。

6. 在"班级平均分"工作表中，针对各课程的班级评价分创建二维的簇状柱形图，其中水平簇标签为班级，图例项为课程名称，并将图标放置在表格下方的 A10：H30 区域中。

【项目目的】

掌握格式化表格的设置方法，掌握公式和函数的使用方法，掌握数据透视表和图表的创建方法。

【项目步骤】

第 1 步：将"素材.xlsx"文档另存为"年级期末成绩分析.xlsx"，以下所有操作均基于此新保存的文档。

💻进入考生文件夹，找到"素材.xlsx"文件，双击打开；

💻选择【文件】选项卡→【另存为】，在另存为对话框中输入"年级期末成绩分析.xlsx"，单击【确定】按钮。

第 2 步：在"2012 级法律"工作表最右侧依次插入"总分"、"平均分"、"年级排名"列；将工作表的第一行根据表格实际情况合并居中为一个单元格，并设置合适的字体、字号，使其成为该工作表的标题。对班级成绩区域套用带标题行的"表样式中等深浅 15"的表格格式。设置所有列的对齐方式为居中，其中排名为整数，其他成绩的数值保留 1 位小数。

💻选择 M2 单元格输入"总分"，N2 输入"平均分"，O2 单元格输入"年级排名"；

💻选择区域 A1：O2，在【开始】选项卡→【对齐方式】组里点击【合并后居中】；

💻选择 A1 单元格在【开始】选项卡→【字体】组里设计合适的字体和字号，如黑体，24 磅，如图 4－14 所示。

图 4－14　标题设置

💻选择 A2：0102 区域，在【开始】选择卡→【样式】组中→【套用表格格式】右下角的小黑三角形，在下拉样式选项卡中选择【表样式中等深浅 15】的表格格式；

💻选择区域 A2：0102，在区域内右键单击，在弹出的菜单中选择【设置单元格格式】，在【对齐】选项卡里设置【水平对齐】为居中，【垂直对齐】为居中；如图 4－15 所示。

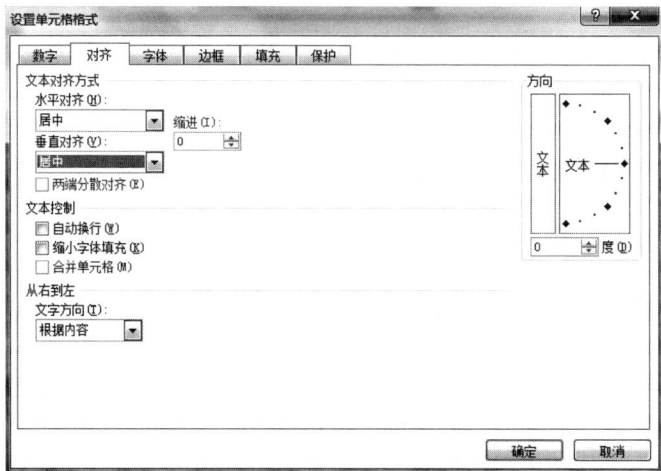

图 4－15　设置单元格格式

💻选择区域 D2：O102，在区域内右键单击，在弹出的菜单中选择【设置单元格格式】，在【数字】选项卡内设置为【数值】→【小数位数】设置为 1. 选择 O 列同上设置，但【小数位数】设置为 0。

第 3 步：在"2012 级法律"工作表中，利用公式分别计算"总分"、"平均分"、"年级排名"列的值。对学生成绩不及格（小于 60）的单元格套用格式突出显示为"黄色（标准色）填充色红色（标准色）文本"。

💻在 M3 单元格内输入公式：= SUM（D3：L3），双击填充柄进行列复制公式填充。在 N3 单元格输入公式：= AVERAGE（D3：L3）双击填充柄进行列复制公式填充。在 O3 单元格输入：= RANKEQ（N3：$N$3：$N$102，0）双击填充柄进行列复制公式填充。备注：本题计算也可以利用粘贴函数来操作，只要注意选择计算区域即可，如图 4 - 16 所示。

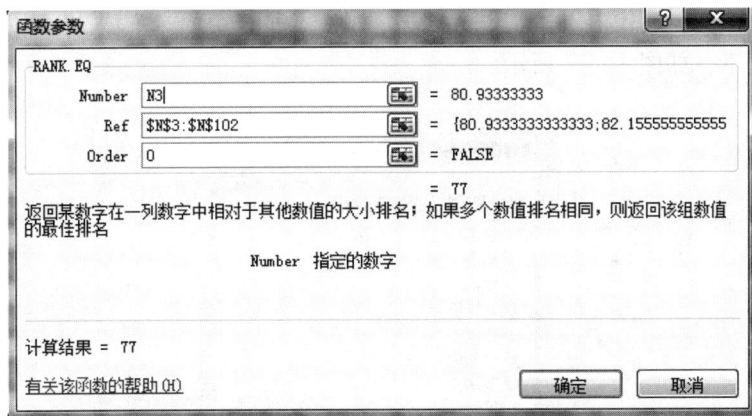

图 4 - 16　求名次对话框

💻选择区域 D3：L102，在【开始】选项卡→【样式】组中→【条件格式】→【突出显示单元格规则】→【小于】在弹出的对话框内第一个文本框里输入 60，单击"设置为"文本框右边向下箭头选择"自定义格式"，在弹出的自定义格式对话框中，设置"字体"颜色为红色（标准色第二个），设置"填充"颜色为黄色（标准色第四个）。

第 4 步：在"2012 级法律"工作表中，利用公式、根据学生的学号，将其班级的名称填入"班级"列，规则为：学号的第三位为专业代码、第四位代表班级序号，即 01 为"法律一班"，02 为"法律二班"，03 为"法律三班"，04 为"法律四班"。

在 A3 单元格中输入：＝"法律"&NUMBERSTRING（INT（MID（B3，3，2）），1）＆"班"，填充 A 列。备注：NUMBERSTRING 为隐藏函数只能手动输入。

第 5 步：根据"2012 级法律"工作表，创建一个数据透视表，放置于表名为"班级平均分"的新工作表中，工作表标签颜色设置为红色。要求数据透视表中按照英语、体育、计算机、近代史、法制史、刑法、民法、法律英语、立法法的顺序统计各班成绩的平均分，其中行标签为班级。为数据透视表格内容套用带标题行的"数据透视表样式中等深浅 15"的表格格式，所有列的对齐方式设为居中，成绩的数值保留 1 位小数。

💻单击工作表数据区域任一单元格，在【插入】选项卡中→选择"表格"组，→数据透视表，弹出设计数据透视表对话框；

💻表/区域保留默认值"表1"，选择放置数据透视表的位置选择"新工作表"；

💻把"班级"自动拖入右下角的"行标签"方框里，按顺序分别把英语、体育、计算机、近代史、法制史、刑法、民法、法律英语、立法法字段拖入"数值"方框里，如图 4－17 所示。

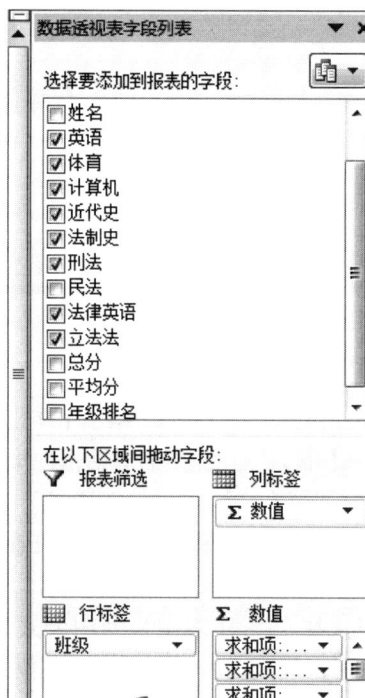

图 4－17　数据透视表字段列表

💻双击 B3 单元格，把原来的求和计算类型改为平均值，同样的方法处理 C3，D3，E3，F3，G3，H3，I3，J3，如图 4 - 18 所示。

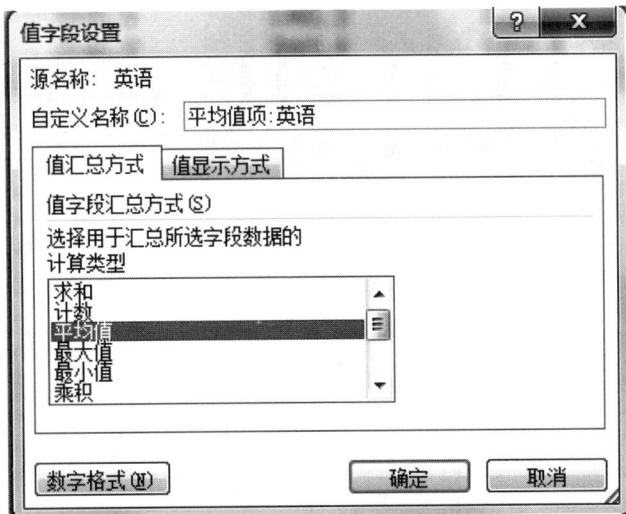

图 4 - 18 值字段设置

第 5 步：单击"数据透视表工具"中的【设计】选项卡→"数据透视表样式"通过向下小箭头找到"中等深浅 15"样式。

💻选择整个数据透视表，在选择区域内右键单击→"设置单元格格式"→"对齐"，设置"水平对齐"为居中，"垂直对齐"为居中；

💻选择数据透视表中的数据区域 B4：J8，在选择区域内右键单击→"设置单元格格式"→"数字"选项卡设置为"数值"→"保留小数位"设置为1；

💻双击新加的工作表名称（sheet2.），改名为"班级平均分"；

💻在工作表的名处，右键单击→选择"工作表标签颜色"设置为红色（标准色第二个）；

💻保存文件。

第 6 步：在"班级平均分"工作表中，针对各课程的班级评价分创建二维的簇状柱形图，其中水平簇标签为班级，图例项为课程名称，并将图标放置在表格下方的 A10：H30 区域中。

💻单击"班级平均分"工作表的数据区域任一单元格，在【插入】选项卡→选择"柱形图"→选择"二维的簇状柱形图"（第一个），如图 4 - 19 所示。

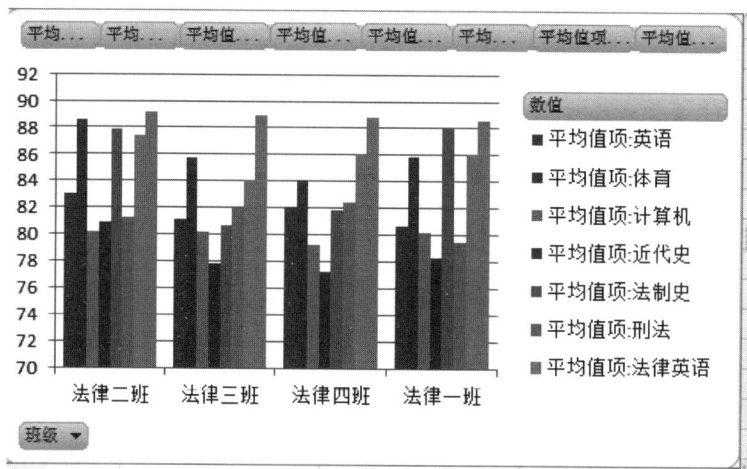

图 4-19  图表

💻把图形的左上角拖动到 A10 单元格上，在图形右下角拖动手柄，调整图形的大小使放置在 A10：H30 中；

💻保存文件。

## 综合练习4

### 一、单项选择题

1. Excel 的主要功能是_____。

    A. 电子表格、文字处理、数据库      B. 电子表格、图表、数据库

    C. 电子表格、工作簿、数据库      D. 工作表、工作簿、图表

2. 在保存 Excel 2010 工作簿的过程中，默认的第一个工作簿文件名是_____。

    A. Excel1      B. Book1      C. 工作簿 1      D. 文档 1

3. Excel 2010 工作簿存盘时，默认扩展名为_____。

    A. . pptx      B. . xlsx      C. . docx      D. . txt

4. 在 Excel 2010 中，默认活动工作表_____。

    A. 有 3 个      B. 其个数由系统确定

    C. 只能有一个      D. 其个数根据用户需要确定

5. 在 Excel 2010 中，下列叙述中不正确的是_____。

    A. 每个工作簿可以由多个工作表组成

    B. 输入的字符不能超过单元格宽度

    C. 每个工作表有 16384 列、1048576 行

    D. 单元格中输入的内容可以是文字、数字、公式

6. 要移到活动行的 A 列，按_____键。

    A. Ctrl + Home      B. Home      C. Home + Alt      D. PgUp

7. Excel 行号是以_____排列的。

    A. 英文字母序列    B. 阿拉伯数字    C. 汉语拼音    D. 任意字符

8. 单元格的地址是由来_____表示的。

    A. 列标和行号      B. 行号      C. 列标      D. 任意确定

9. 在工作表中，要在某单元格中输入电话号码 "0531 – 88795677"，则应首先输入

_____。

    A. =      B. ：      C. ！      D. '

10. 在 Excel 中，在单元格中输入分数 "3/8"，输入方法是_____。

    A. 先输入 "0" 及一个空格，然后输入 "3/8"

    B. 直接输入 "3/8"

    C. 先输入一个单引号 " ' "，然后输入 " = 3/8"

    D. 在编辑栏中输入 "3/8"

11. 在 Excel 某单元格内输入 " = 33575 + 28376" 以后，该单元格显示的结果是_____。

    A. = 33575 + 28376      B. 3357528376

    C. 61951      D. = 61951

12. 在工作表中，文本型数据在单元格中默认为_____。

    A. 左对齐      B. 右对齐      C. 中间对齐      D. 双端对齐

13. 在 Excel 中，输入当前日期的快捷键是_____。

    A. Ctrl + ;      B. Ctrl + Shift + ;    C. Alt + ;    D. Ctrl + Alt + ;

14. 按填充方向选定两个数值型数据的单元格，则填充按_____填充。

    A. 等比数列      B. 等差数列      C. 递增顺序      D. 递减顺序

15. 引用运算符 A1：C3　B1：D6 占用单元格的个数为_____。

    A. 2      B. 6      C. 3      D. 9

16. 在 Excel 中，单元格区域 "A1：C3，D3：E3" 包含_____个单元格。

    A. 3      B. 9      C. 11      D. 14

17. 在单元格中如果数据显示宽度不够，则显示_____。

    A. ####      B. #DIV/0!      C. #REF!      D. #VALUE!

18. 在 Excel 中，若按快捷键 Ctrl + Shift + ;，则在当前单元格中插入_____。

    A. 系统当前日期      B. 系统当前时间

    C. ：（冒号）      D. 今天的北京时间

19. 如果输入以_____开始，Excel 认为单元的内容为一公式。

    A. ！      B. =      C. *      D. √

20. Excel 电子表格 A1 到 C5 为对角构成的区域，其表示方法是_____。

    A. A1：C5    B. A1；C5    C. A1 + C5    D. A1，C5

21. 在 Excel 中，如果没有预先设定整个工作表对齐方式，在输入数值型数据时不打前缀

标志，则数值型数据自动以_____方式存放。

  A. 左对齐    B. 中间对齐    C. 右对齐    D. 视具体情况而定

22. 在 Excel 工作表中，假设 A2 = 7，B2 = 6.3，选择 A2：B2 区域，并将鼠标指针放在该区域右下角填充句柄上，拖动至 E2，则 E2 = _____。

  A. 3.5    B. 4.2    C. 9.1    D. 9.8

23. 在 Excel 2007 中，下列不属于单元格引用符的是_____。

  A. :    B. ;    C. 空格    D. ,

24. 在 Excel 当前工作表中，B3 单元格为数值 4，C3 单元格为字符串"0"，D3 单元格为空，E3 单元格为数值 8，G3 单元格为数值 3，则函数 MIN（B3，AVERAGE（C3：E3），G3.）的值是_____。

  A. 6    B. 2    C. 3    D. 错误提示

25. 以下单元格引用中，下列哪一项属于混合引用_____。

  A. E3    B. $C$18    C. C $20    D. $D$13

26. 以下图标中，_____是"自动求和"按钮。

  A. $\sum$    B. S    C. f    D. fx

27. 在 Excel 表格图表中，没有的图表类型是_____。

  A. 柱形图    B. 条形图    C. 面积图    D. 扇形图

28. 在 Excel 中，数据可以按图形方式显示在图表中，此时生成图表的工作表数据与数据系列相链接。当修改工作表中这些数据时，图表_____。

  A. 不会更新        B. 使用命令才能更新

  C. 自动更新        D. 必须重新设置数据区域才更新

 **二、多项选择题**

1. 在 Excel 中，默认状态下，单元格中右对齐的是_____。

  A. 字符型数据       B. 数值型数据

  C. 日期和时间型数据    D. 文字型数据

2. 以下对单元格的引用中，是绝对引用的是_____。

  A. $A$1    B. $B3    C. D $6    D. $E$12

3. 在 Excel 中，以下单元格包括在单元格区域"A1：C3 B1：E3"中_____。

  A. B1    B. A3    C. C1    D. C2

4. Excel 自动填充功能，可以完成_____。

  A. 填充相同的数据    B. 填充数值的等比数列

  C. 填充自己定义的序列    D. 填充日期时间型序列

5. 下列 Excel 公式输入的格式中，_____是正确的。

  A. = SUM（1，2，3，4，5，6，7，8，9，10）

  B. = SUM（E1：E6）

  C. = SUM（A1；E7）

D. = SUM（"1"，"2"，3）

6. 以下关于 Excel 电子表格软件，叙述正确的有_____。

　A. 可以有多个工作表　　　　　　　　B. 只能有一个工作表

　C. 可以有多个工作表和独立图表　　　D. Excel 2010 是 Microsoft 公司开发的

7. 下列_____可把 EXCEL 文档插入 WORD 文档中。

　A. 复制　　　　　B. 利用剪贴板　　　C. 插入/对象　　　D. 不可以

### 三、判断题

1. 要启动 Excel 只能通过"开始"按钮。　　　　　　　　　　　　　（　　）

2. Excel 工作簿只能有 1~3 个工作表。　　　　　　　　　　　　　（　　）

3. 工作表是 Excel 的主体部分，共有 1048576 行，16384 列，因此，一张工作表共有 1048576×16384 个单元格。　　　　　　　　　　　　　　　　　　　（　　）

4. Excel 2010 没有自动填充和自动保存功能。　　　　　　　　　　（　　）

5. 在 Excel 2010 中，假设当前工作簿已打开了 6 个工作表，此时插入一个工作表，其默认工作表名为 sheet6。　　　　　　　　　　　　　　　　　　　（　　）

6. 单元格太窄不能显示数字时，Excel 2010 在单元格内显示问号。　（　　）

7. 在 Excel 2010 中，可以输入的文本为数字、空格和非数字字符的组合。（　　）

8. 工作表中的列宽和行高是固定不变的。　　　　　　　　　　　　　（　　）

9. Excel 2010 单元格中的数据可以水平居中，但不能垂直居中。　　（　　）

10. 在某个单元格中输入"3/5"，按回车键后显示 3/5。　　　　　　（　　）

11. 在 Excel 2010 工作表中最多完成三个关键字的排序。　　　　　　（　　）

12. 在数值型数据中不能包含任何大小写英文字母。　　　　　　　　（　　）

13. 向 Excel 2010 工作表中输入文本数据，若文本数据全由数字组成，应在数字前加一个半角字符的单引号。　　　　　　　　　　　　　　　　　　　　　（　　）

14. Excel 2010 中提供了输入项前添加"'"的方法来区分是"数字字符串"而非"数字"数据。　　　　　　　　　　　　　　　　　　　　　　　　　　　　（　　）

15. 在工作表窗口中的工具栏中有一个"∑"自动求和按钮。实际上它代表了工作函数中的 SUM（　　）函数。　　　　　　　　　　　　　　　　　　（　　）

16. 在 Excel 2010 中，输入函数时，函数名不区分大小写。　　　　　（　　）

17. Excel 2010 提供了三种建立图表的方法。　　　　　　　　　　　　（　　）

18. Excel 工作表中的数据可以建立图表，图表一定存放在同一张工作表中。（　　）

19. 在 Excel2010 中，图表一旦建立，其标题的字体、字形是不可改变的。（　　）

### 四、填空题

1. Excel 2010 文件的扩展名为_____。

2. 新建一个工作簿时，包含的工作表数最多有_____个工作表。

3. 在 Excel 中输入文字时，默认对齐方式是：单元格内靠_____对齐。

4. 在 Excel 2010 中，输入当前时间的快捷键是_____。

5. Excel 中单元格引用中，单元格地址会随位置的改变而改变的称为_____。

6. 公式中对单元格的引用中，＄A5 称为_____引用。

7. 在 Excel 中输入等差数列，可以先输入第一、第二个数列项，接着选定这两个单元格，再将鼠标指针移到_____上，按一定方向进行拖动即可。

8. 在 Excel 2010 单元格中，已知其内容为数值 123，则向下填充的内容为_____。

9. _____是在 Excel 2010 中根据实际需要对一些复杂的公式或者某些特殊单元格中的数据添加相应的注释。

10. 在 Excel 2010 的工作表中选择整列可单击_____。

11. 在 Excel 2010 中要在单元格中输入公式，应先输入_____，再输入表达式。

12. 在 A1 至 A5 单元格中求出最小值，应用函数_____。

13. 在 Excel 中进行分类汇总的前提条件是_____。

14. 图表分为两类：即_____和_____。

15. 在 Excel 中，若只需打印工作表的一部分数据时，应先_____。

# 第5章 PowerPoint 2010 演示文稿

【本章学习目标】

认识 PowerPoint 2010 窗口的基本组成；理解 PowerPoint 提供的各种视图的特点；

掌握演示文稿的创建和编辑，包括文本、剪贴画、图形和声音的处理、演示文稿的格式化；

学会使用背景、主题、幻灯片母版美化幻灯片；

掌握演示文稿动画效果的设置，包括超级链接和动作按钮的设置、动画和切换效果的设置、幻灯片放映方式的选择、幻灯片的打包、打印。

## 项目5.1 Word 文件转换成 PowerPoint 文件

本项目的实验素材在"实验素材 \ 第5章 \ "下。

【项目要求】

将素材"水资源利用与节水（素材）. docx"按要求制作成 PowerPoint 文件，具体要求如下：[二级 MS office 高级应用考试真题]

1. 标题页包含演示主题、制作单位（北京节水展馆）和日期（××××年×月×日）。

2. 演示文稿须指定一个主题，幻灯片不少于5页，且版式不少于3种。

3. 演示文稿中除文字外要有2张以上的图片，并有2个以上的超链接进行幻灯片之间的跳转。

4. 动画效果要丰富，幻灯片切换效果要多样。

5. 演示文稿播放的全程需要有背景音乐。

6. 将制作完成的演示文稿以"水资源利用与节水 . pptx"为文件名进行保存。

【项目目的】

掌握创建、保存演示文稿的基本方法，认识 PowerPoint 2010 的用户界面，了解各选项卡的功能，能够插入不同版式的幻灯片，并在幻灯片中插入图片、音频等对象，并给对象添加超链接。

**【项目步骤】**

第1步：新建演示文稿、制作标题幻灯片并插入背景音乐。

💻启动 PowerPoint 2010，系统自动创建新演示文稿，默认命名为"演示文稿1"。

💻保存未命名的演示文稿。单击"文件"选项卡→"保存"命令，在弹出的对话框中，在"保存位置"处选择准备存放文件的文件夹，在"文件名"文本框中输入文件名"水资源利用与节水 . pptx"，单击"保存"按钮。

💻当前的第一张幻灯片的版式是标题幻灯片。在标题处输入标题"水知识及节水工作"，在副标题处输入制作单位（北京节水展馆）和日期（××××年×月×日）。

💻单击"插入"选项卡→"媒体"组→"音频"按钮，弹出"插入音频"对话框，选中任意声音文件，单击"插入"按钮，即把音频插入当前幻灯片中。

💻单击"切换"选项卡→"切换到此幻灯片"组的按钮，打开内置的"切换效果"列表框，在该列表框中选择切换效果，此时就能预览到切换效果；然后单击"全部应用"按钮，就把选择的切换效果应用到所有的幻灯片。效果图如图5-1所示。

**图 5-1 标题幻灯片**

第2步：制作第二张幻灯片。

💻插入第二张幻灯片。单击"开始"选项卡→"幻灯片"组→"新建幻灯片"命令，在弹出的 office 主题中选择"标题和内容"。

在当前第二张幻灯片的标题处输入"水知识及节水工作"，在添加文本处输入正文"水的知识、水的应用、节水工作"。效果图如图 5-2 所示。

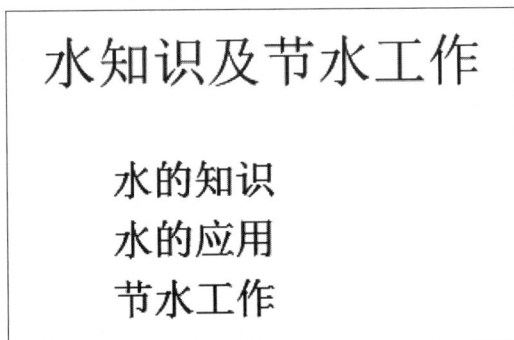

图 5-2　第二张幻灯片内容

第 3 步：制作第三张幻灯片。

插入第三张幻灯片。单击"开始"选项卡→"幻灯片"组→"新建幻灯片"命令，在弹出的 office 主题中选择"标题和内容"。

在当前第三张幻灯片的标题处输入"水资源概述"，在添加文本处复制文字"目前世界水资源……净化过程生产出来的。"效果图如图 5-3 所示。

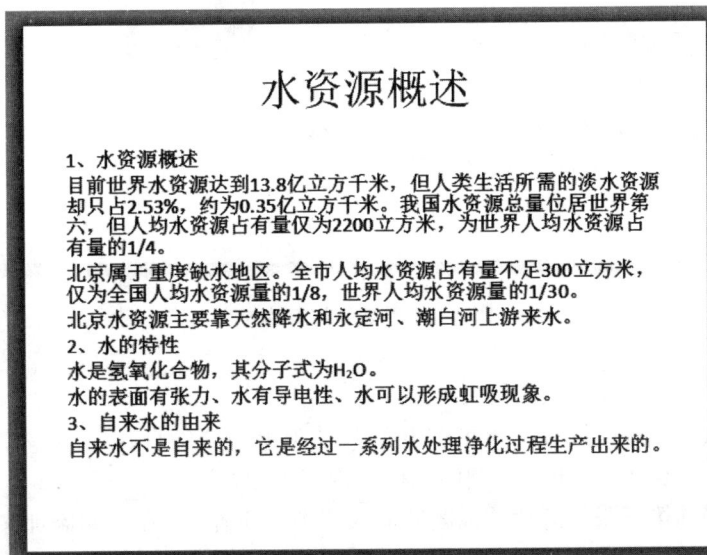

图 5-3　第三张幻灯片内容

第4步：制作第四张幻灯片。

💻插入第四张幻灯片。单击"开始"选项卡→"幻灯片"组→"新建幻灯片"命令，在弹出的 office 主题中选择"两栏内容"。

💻在当前第四张幻灯片的标题处输入"水的应用"，在左侧添加文本处复制文字"日常生活用水……电渗析、反渗透"，在右侧添加文本处添加任意剪贴画。

💻首先选中添加的剪贴画，然后单击"动画"选项卡→"动画"组→"添加动画"按钮，就打开了内置的动画列表，在列表中选择某一动画，为剪贴画设置动画效果；也可以在列表中单击"更多进入效果"命令，然后在"添加进入效果"对话框中选择也可以。效果图如图 5－4 所示。

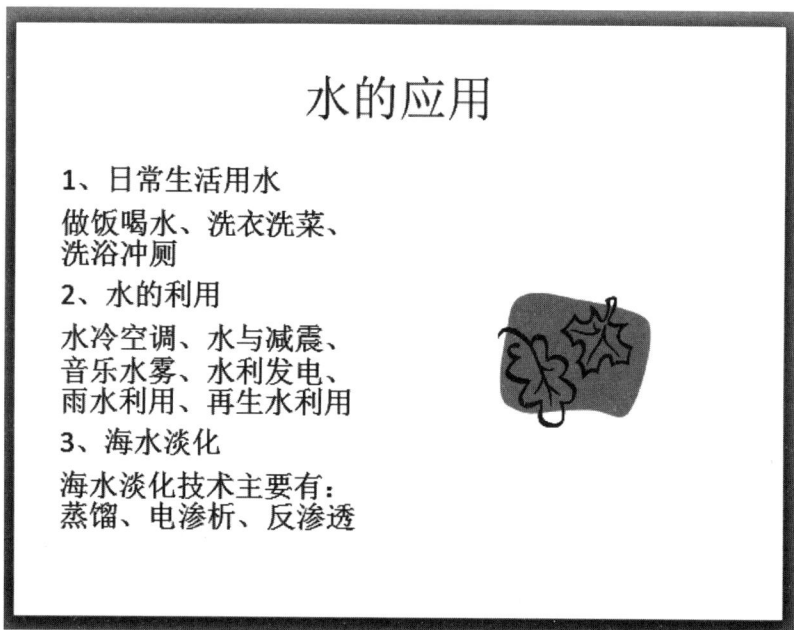

**图 5－4　第四张幻灯片内容**

第5步：制作第五张幻灯片。

💻插入第五张幻灯片。单击"开始"选项卡→"幻灯片"组→"新建幻灯片"命令，在弹出的 office 主题中选择"内容和标题"。

💻在当前第五张幻灯片的标题处输入"节水工作"，在左侧添加文本处复制文字"节水技术标准……循环利用型节水模式"，在右侧添加文本处添加任意剪贴画。

　　💻首先选中添加的剪贴画。然后单击"动画"选项卡→"动画"组→"添加动画"按钮，就打开了内置的动画列表。在列表中选择某一动画，剪贴画设置动画效果；也可以在列表中单击"更多进入效果"命令，然后在"添加进入效果"对话框中选择也可以。效果图如图 5-5 所示。

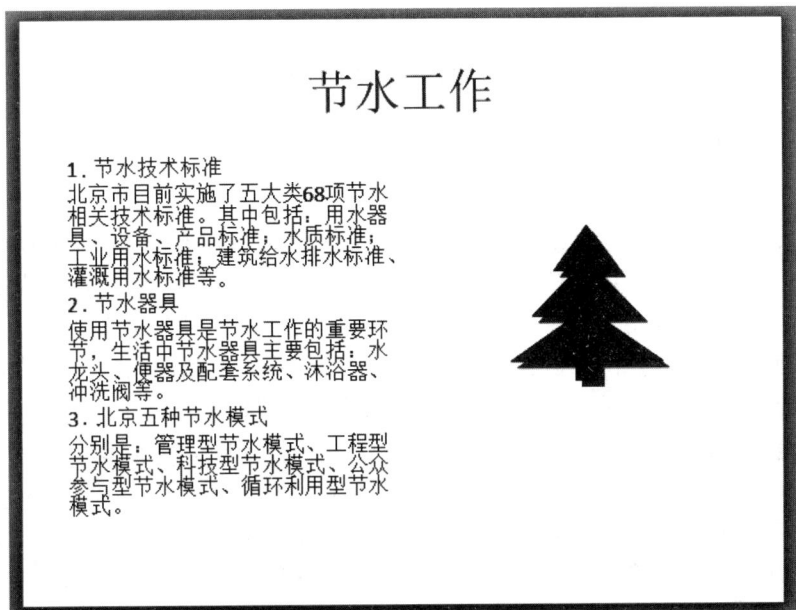

图 5-5　第五张幻灯片内容

　　第 6 步：制作第六张幻灯片。

　　💻插入第六张幻灯片。单击"开始"选项卡→"幻灯片"组→"新建幻灯片"命令，在弹出的 office 主题中选择"标题幻灯片"。

　　💻在当前第六张幻灯片的标题处输入"谢谢大家！"

　　第 7 步：添加超链接和保存演示稿。

　　💻选中第二张幻灯片的文字"水的知识"。单击"插入"选项卡→"链接"组→"超链接"按钮，弹出"插入超链接"对话框，在该对话框中的"链接到"中选择"本文档中的位置"，在"请选择文档中的位置"中选择"下一张幻灯片"。

　　💻选中第二张幻灯片的文字"水的应用"。单击"插入"选项卡→"链接"组→"超链接"按钮，弹出"插入超链接"对话框，在该对话框中的"链接到"

中选择"本文档中的位置",在"请选择文档中的位置"中选择"张幻灯片4"。

💻选中第二张幻灯片的文字"节水工作"。单击"插入"选项卡→"链接"组→"超链接"按钮,弹出"插入超链接"对话框,在该对话框中的"链接到"中选择"本文档中的位置",在"请选择文档中的位置"中选择"张幻灯片5"。

💻单击"保存"按钮,保存文件。

# 项目5.2　幻灯片的排版和美化

**【项目要求】**

本项目的实验素材在"实验素材 \ 第5章 \ "下。

新员工入职,人事助理已经制作了一份演示文稿的素材"新员工入职培训.pptx",请按要求对文档进行美化,要求如下:〔二级MS office高级应用考试真题〕

1. 将第二张幻灯片版式设为"标题和竖排文字",将第四张幻灯片的版式设为"比较";为整个演示文稿指定一个恰当的设计主题。

2. 通过幻灯片母版为每张幻灯片增加利用艺术字制作的水印效果,水印文字中应包含"新世界数码"字样,并旋转一定的角度。

3. 根据第五张幻灯片右侧的文字内容创建一个组织结构图,其中总经理助理为助理级别,结果应类似Word样例文件"组织结构图样例.docx"中所示,并为该组织结构图添加任一动画效果。

4. 为第六张幻灯片左侧的文字"员工守则"加入超链接,链接到Word素材文件"员工守则.docx",并为该张幻灯片添加适当的动画效果。

5. 为演示文稿设置不少于3种的幻灯片切换方式。

**【项目目的】**

掌握向幻灯片中添加对象的方法,掌握使用母板、主题或背景美化幻灯片的方法;

**【项目步骤】**

第1步:打开素材。

💻启动PowerPoint 2010,单击"文件"选项卡→"打开"命令,在弹出的对话框中,打开文件"新员工入职培训.pptx"。

第2步:利用"幻灯片母板"和"艺术字"设置水印效果。

💻单击"视图"选项卡→"母版视图"组→"幻灯片母版"命令,进入幻灯片母版设置窗口。

　　🖥在幻灯片母版视图中，左侧的窗口显示的是不同类型的幻灯片母版缩略图，如选择"标题幻灯片"母版，显示在右侧的编辑区的母版可进行编辑。

　　🖥当用户在母版中单击鼠标选择任意对象时，功能区出现"绘图工具 – 格式"选项卡，用户可以利用选项卡的命令对幻灯片母版进行设计。

　　🖥使用"插入"选项卡→"文本"组→"艺术字"命令，在母版中插入艺术字"新世界数码"，在艺术字"新世界数码"上单击右键，选择"设置形状格式"菜单，在弹出的"设置形状格式"对话框中的"三维旋转"中可以设置艺术字的旋转。

　　🖥母版制作好后，"关闭母版视图"。在演示文稿的制作时，在普通视图下可以使用制作好的母版。设计视图如图 5 – 6 和效果图如图 5 – 7 所示。

　　第 3 步：第二张幻灯片，使用主题美化幻灯片。

　　🖥右击第二张幻灯片→"版式"→"标题和竖排文字"。

　　🖥单击"设计"选项卡→"主题"组→"更多"按钮→"浏览主题"命令→"选择一种主题"。效果如图 5 – 8 所示。

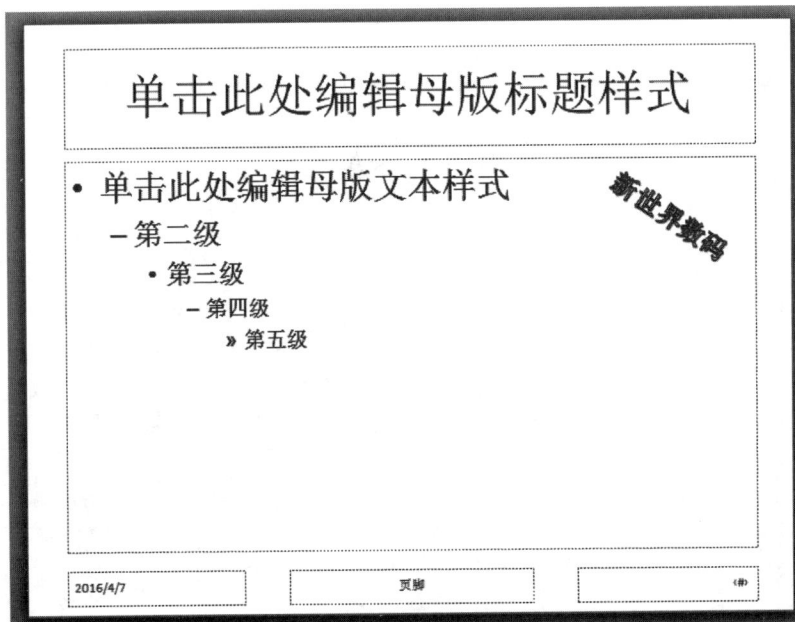

**图 5 – 6　母板视图水印制作**

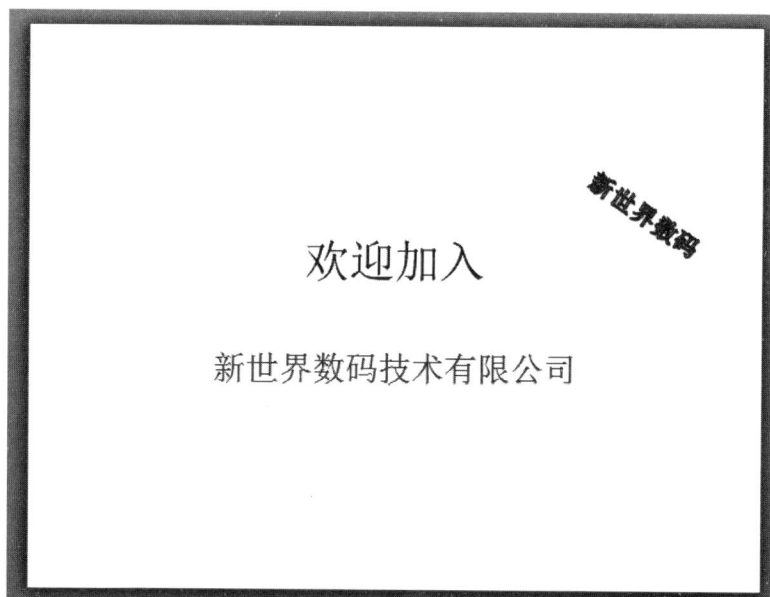

图 5－7　普通视图效果

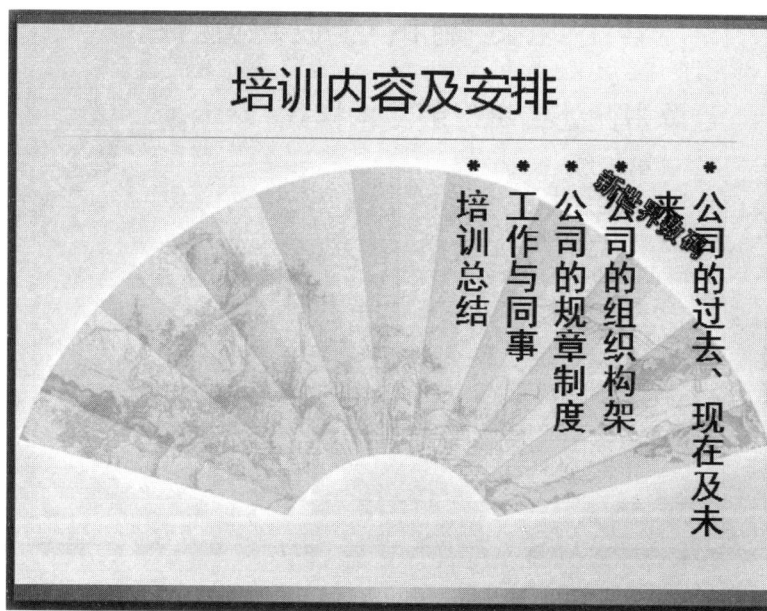

图 5－8　使用主题后的效果

第 4 步：编辑第五张幻灯片。

💻选中当前幻灯片右侧的文字内容，右击鼠标→转换为 smart 图形→组织结构图，其中总经理助理为助理级别，参照"组织结构图样例.docx"中所示。

💻选中该组织结构图。单击"动画"选项卡→"动画"组→"添加动画"按钮，就打开内置的动画列表。在列表中选择某一动画，就设置好了动画效果；也可以在列表中单击"更多进入效果"命令，然后在"添加进入效果"对话框中选择也可以。效果如图 5-9 所示。

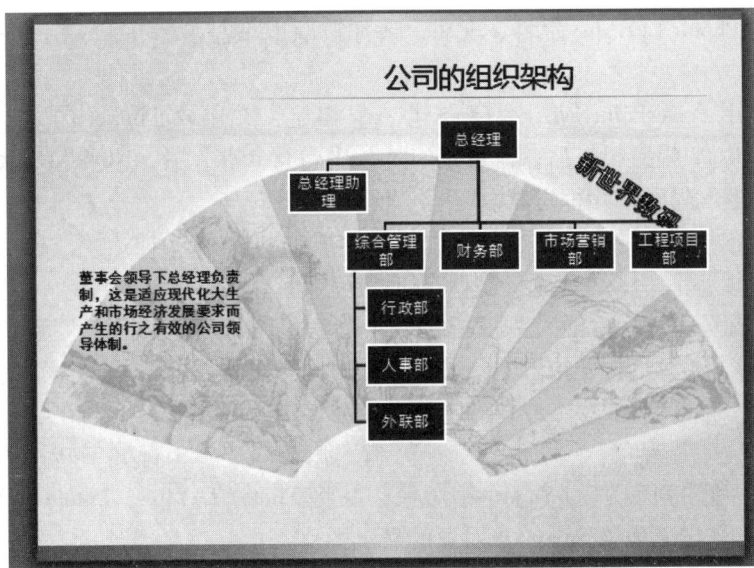

图 5-9　组织结构图

第 5 步：第六张幻灯片制作。

💻选中左侧的文字"员工守则"，单击"插入"选项卡→"链接"组→"超链接"按钮，弹出"插入超链接"对话框，在该对话框中的"链接到"中选择"现有文件和网页"，在"请选择文档中的位置"中选择"员工守则.docx"。

💻首先选中左侧的文字"员工守则"，单击"动画"选项卡→"动画"组→"添加动画"按钮，就打开内置的动画列表。在列表中选择某一动画，就设置好了动画效果。

💻单击"保存"按钮，保存文件。

## 项目5.3 利用演示文稿制作相册

**【项目要求】**

本项目的实验素材在"实验素材\第5章\"下。[二级MS office 高级应用考试真题]

校摄影社团在今年的摄影比赛结束后，希望可以借助 PowerPoint 将优秀作品在社团活动中进行展示。这些优秀的摄影作品保存在素材文件夹中，并以 Photo (1).jpg – Photo(12).jpg 命名。现在，请你按照以下需求，在 PowerPoint 中完成制作工作：

1. 利用 PowerPoint 应用程序创建一个相册，并包含 Photo(1).jpg ~ Photo (12).jpg 共12幅摄影作品。在每张幻灯片中包含4张图片，并将每幅图片设置为"居中矩形阴影"相框形状。

2. 设置相册主题为素材文件夹中的"相册主题.potx"样式。

3. 为相册中每张幻灯片设置不同的切换效果。

4. 在标题幻灯片后插入一张新的幻灯片，将该幻灯片设置为"标题和内容"版式。在该幻灯片的标题位置输入"摄影社团优秀作品赏析"；并在该幻灯片的内容文本框中输入3行文字，分别为"湖光春色"、"冰消雪融"和"田园风光"。

5. 将"湖光春色"、"冰消雪融"和"田园风光"3行文字转换为样式为"蛇形图片题注列表"的 SmartArt 对象，并将 Photo(1).jpg、Phtoto(6).jpg 和 Photo(9).jpg 定义为该 SmartArt 对象的显示图片。

6. 为 SmartArt 对象添加自左至右的"擦除"进入动画效果，并要求在幻灯片放映时该 SmartArt 对象元素可以逐个显示。

7. 在 SmartArt 对象元素中添加幻灯片跳转链接，使得单击"湖光春色"标注形状可跳转至第3张幻灯片，单击"冰消雪融"标注形状可跳转至第4张幻灯片，单击"田园风光"标注形状可跳转至第5张幻灯片。

8. 将文件夹中的"ELPHRG01.wav"声音文件作为该相册的背景音乐，并在幻灯片放映时即开始播放。

9. 将该相册保存为"PowerPoint.pptx"文件。

**【项目目的】**

掌握利用演示文稿制作相册的方法，掌握将文字转换成 Smart 图形的方法。

**【项目步骤】**

第1步：标题幻灯片的制作。

💻打开 PPT。

💻当前的第 1 张幻灯片就是标题幻灯片。标题为"相册"。

💻选择"插入"→"相册"→"新建相册"→选择素材中的图片。具体设置如图 5 - 10 所示。

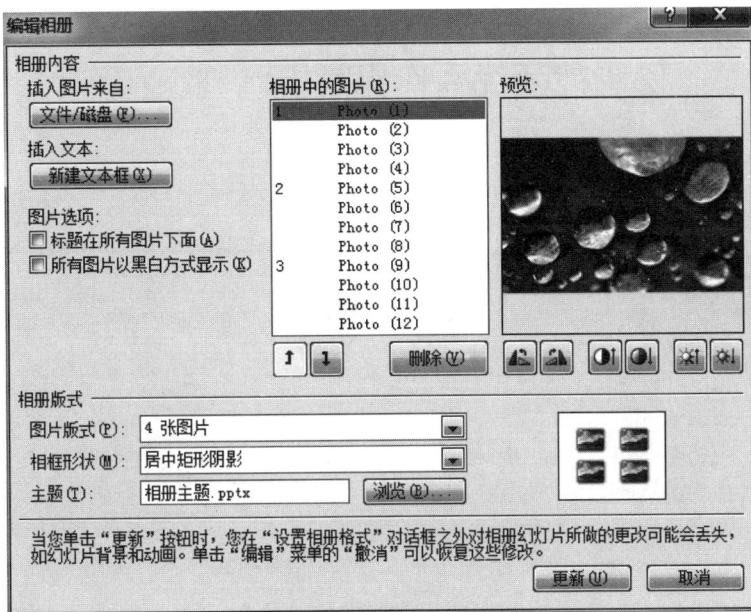

图 5 - 10　相册参数设置

第 2 步：设置每张幻灯片的切换效果。

💻分别为每一张幻灯片设置不同的切换效果。

第 3 步：制作第二张幻灯片。

💻在标题幻灯片后插入第 2 张幻灯片：单击"开始"选项卡→"幻灯片"组→"新建幻灯片"命令，在弹出的 office 主题中选择"标题和内容"版式。

💻在幻灯片的标题位置输入"摄影社团优秀作品赏析"。

💻在该幻灯片的内容文本框中输入 3 行文字，分别为"湖光春色"、"冰消雪融"和"田园风光"。

💻选中"湖光春色"文本，然后单击"右键"，在右键菜单中选择"转换为 SmartArt 对象"，选择"蛇形图片题注列表"即可。

💻选中湖光春色，然后单击"动画"选项卡→"动画"组→"添加动画"

按钮，就打开了内置的动画列表，在列表中选择"擦除"进入动画效果，设置方向为自左至右。

💻依次设置每一个文本和图片的动画效果。效果如图5-11所示。

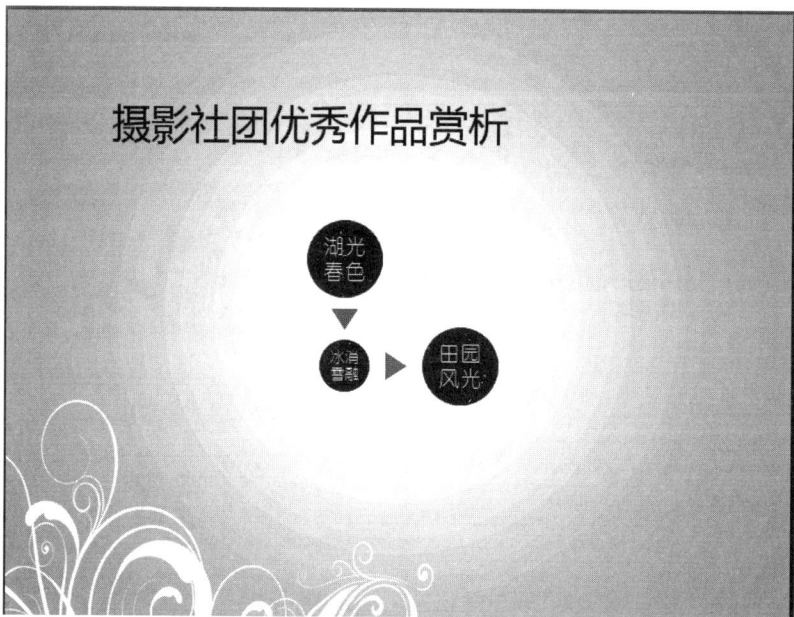

图5-11　第二张幻灯片效果

第4步：给第二张幻灯片中的对象添加超链接。

💻选中"湖光春色"文本。

💻单击"插入"选项卡→"链接"组→"超链接"按钮，弹出"插入超链接"对话框，在该对话框中的"链接到"中选择"本文档中的位置"。

💻在"请选择文档中的位置"中选择将第3张幻灯片。依次设置每一个文本的超链接。

第5步：设置幻灯片的切换效果。

💻单击"切换"选项卡→"切换到此幻灯片"组的 ⬇ 按钮，打开内置的"切换效果"列表框，在该列表框中选择目中切换效果。

💻然后单击"全部应用"按钮，就把选择的切换效果应用到所有的幻灯片。

第6步：给幻灯片添加背景音乐并保存文件。

💻单击第一张幻灯片。

💻单击"插入"选项卡→"媒体"组→"音频"按钮，弹出"插入音频"对话框。选中声音文件文件夹中的"ELPHRG01. wav"，单击"插入"按钮。即把音频插入到当前幻灯片中。

💻将该相册保存为"PowerPoint. pptx"文件。

# 项目5.4　幻灯片合并

## 【项目要求】

本项目的实验素材在"实验素材\第 5 章\"下。

某学校初中二年级五班的物理老师要求学生两人一组制作一份物理课件。小曾与小张自愿组合，他们制作完成的第一章后三节内容见文档"第 3 – 5 节 . pptx"，前两节内容存放在文本文件"第 1 – 2 节 . pptx"中。小张需要按下列要求完成课件的整合制作：［二级 MS office 高级应用考试真题］

1. 为演示文稿"第 1 – 2 节 . pptx"指定一个合适的设计主题；为演示文稿"第 3 – 5 节 . pptx"指定另一个设计主题，两个主题应不同。

2. 将演示文稿"第 3 – 5 节 . pptx"和"第 1 – 2 节 . pptx"中的所有幻灯片合并到"物理课件 . pptx"中，要求所有幻灯片保留原来的格式。以后的操作均在文档"物理课件 . pptx"中进行。

3. 在"物理课件 . pptx"的第 3 张幻灯片之后插入一张版式为"仅标题"的幻灯片，输入标题文字"物质的状态"，在标题下方制作一张射线列表式关系图，样例参考"关系图素材及样例 . docx"，所需图片在考生文件夹中。为该关系图添加适当的动画效果，要求同一级别的内容同时出现、不同级别的内容先后出现。

4. 在第 6 张幻灯片后插入一张版式为"标题和内容"的幻灯片，在该张幻灯片中插入与素材"蒸发和沸腾的异同点 . docx"文档中所示相同的表格，并为该表格添加适当的动画效果。

5. 将第 4 张、第 7 张幻灯片分别连接到第 3 张、第 6 张幻灯片的相关文字上。

6. 除标题页外，为幻灯片添加编号及页脚，页脚内容为"第一章物态及其变化"。

7. 为幻灯片设置适当的切换方式，以丰富放映效果。

## 【项目目的】

掌握利用重用幻灯片合并成一个演示文稿的方法，掌握幻灯片页眉页脚的设置方法。

【项目步骤】

第1步：设置幻灯片的主题。

🖥️打开演示文稿"第1-2节.pptx"，添加一个合适的设计主题。效果如图5-12所示。

🖥️打开演示文稿"第3-5节.pptx"，添加一个合适的设计主题。效果如图5-13所示。

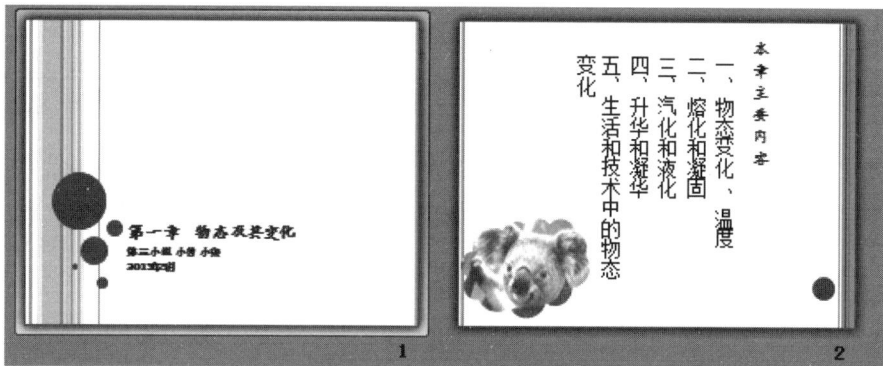

图5-12　第1-2节.pptx 主题效果

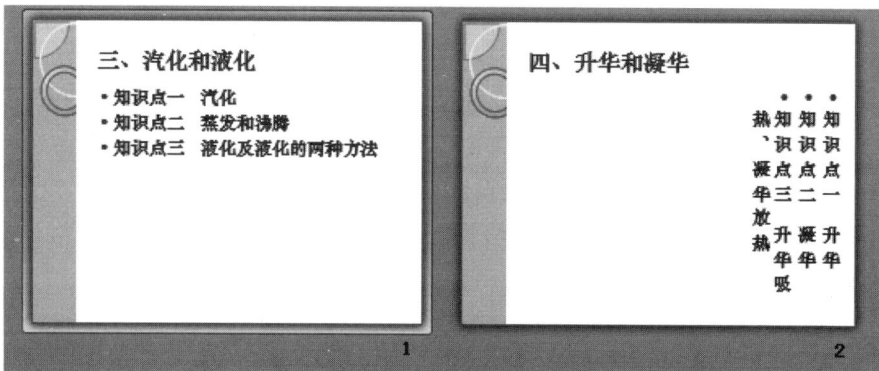

图5-13　第3-5节.pptx 主题效果

第2步：合并幻灯片。

🖥️打开演示文稿"物理课件.pptx"。

　　🖳单击"开始"选项卡→"幻灯片"组→"新建幻灯片"→"重用幻灯片"命令。

　　🖳在"重用幻灯片"窗口选择演示文稿"第 3 – 5 节 . pptx"和"第 1 – 2 节 . pptx",勾选保留原格式。效果如图 5 – 14 所示。合并"第 3 – 5 节 . pptx"和"第 1 – 2 节 . pptx"完后效果如图 5 – 15 所示。

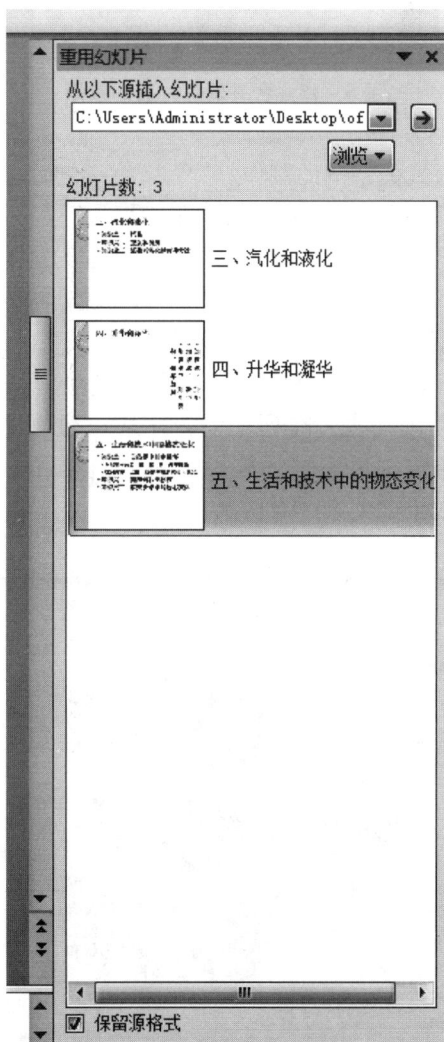

图 5 – 14　重用幻灯片窗格

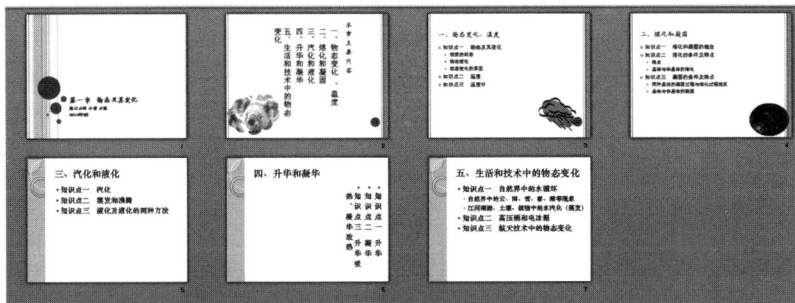

图 5 – 15　合并幻灯片后的效果

第 3 步：射线列表式关系图的制作。

🖥鼠标选择"物理课件 . pptx"的第 3 张幻灯片。

🖥单击"开始"选项卡→"幻灯片"组→"新建幻灯片"命令，在弹出的 office 主题中选择"仅标题"。然后在新的幻灯片的标题处输入文字"物质的状态"，在标题下方制作一张射线列表式关系图，样例参考"关系图素材及样例 . docx"。

🖥选中关系图，然后单击"动画"选项卡→"动画"组→"添加动画"按钮，就打开了内置的动画列表。在列表中选择某一动画，为剪贴画设置动画效果；也可以在列表中单击"更多进入效果"命令，然后在"添加进入效果"对话框中选择也可以。效果如图 5 – 16 所示。

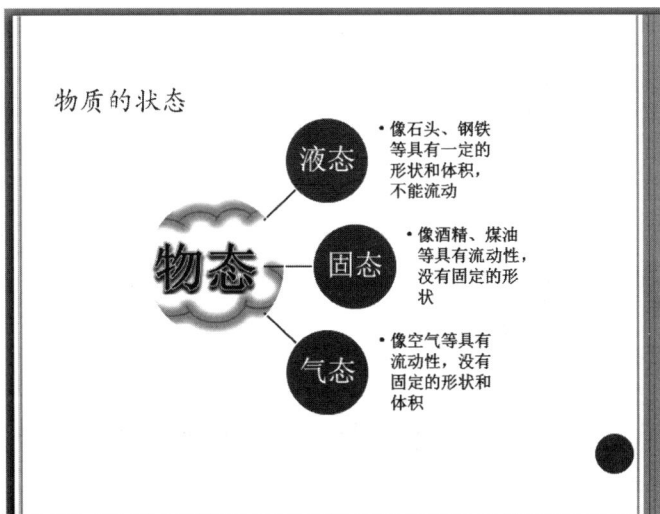

图 5 – 16　射线列表式关系图

第 4 步：添加表格。

🖥️鼠标选择"物理课件.pptx"的第 3 张幻灯片。

🖥️单击"开始"选项卡→"幻灯片"组→"新建幻灯片"命令，在弹出的 office 主题中选择"标题和内容"。在该张幻灯片中插入与素材"蒸发和沸腾的异同点.docx"文档中所示相同的表格，然后为该表格添加适当的动画效果。效果如图 5 - 17 所示。

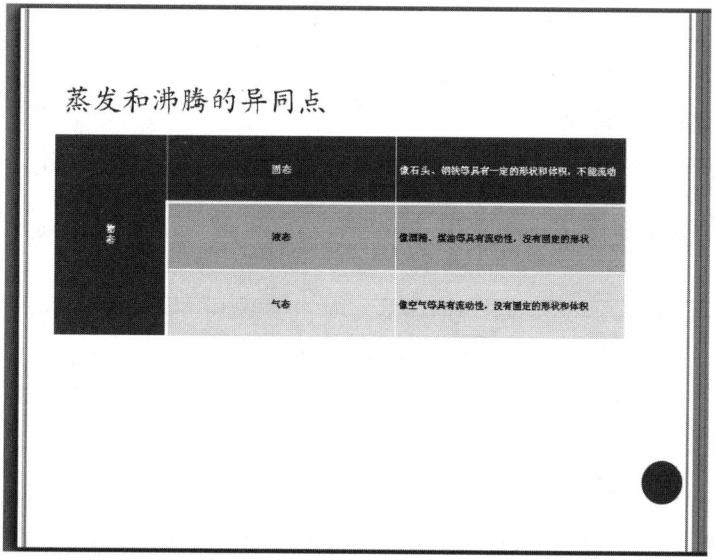

图 5 - 17　表格

第 5 步：添加超链接。

🖥️选中第 3 张、第 6 张幻灯片的相关文字。

🖥️单击"插入"选项卡→"链接"组→"超链接"按钮，弹出"插入超链接"对话框，在该对话框中的"链接到"中选择"本文档中的位置"，在"请选择文档中的位置"中选择将第 4 张、第 7 张幻灯片。

第 6 步：设置幻灯片编号和页眉页脚。

🖥️单击"插入"选项卡→"文本"组→"幻灯片编号"按钮，弹出"幻灯片编号"对话框，在对话框中选中"幻灯片编号"和"标题幻灯片中不显示"。

🖥️单击"插入"选项卡→"文本"组→"页脚"按钮，弹出"页脚"对话框，添加页脚内容为"第一章　物态及变化"。设置窗口如图 5 - 18 所示。

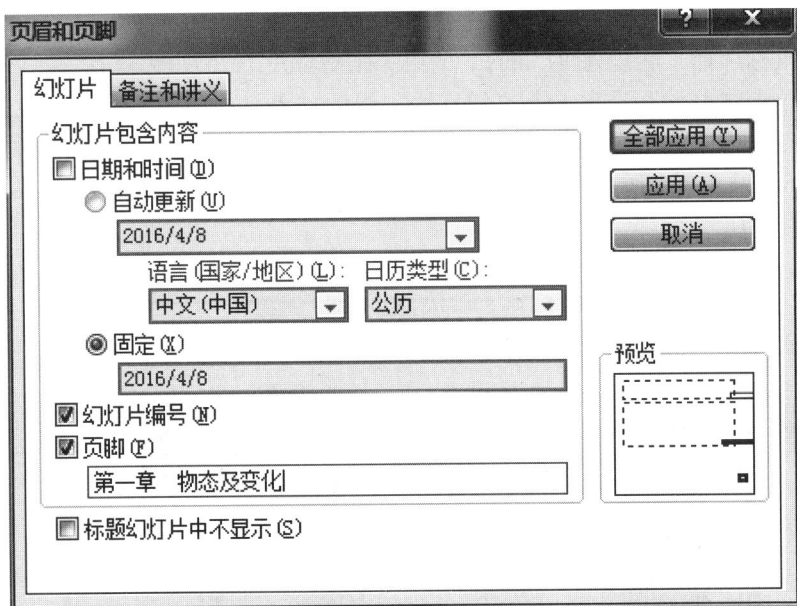

图 5-18 页码和页脚设置

第 7 步：设置幻灯片切换效果。

单击"切换"选项卡→"切换到此幻灯片"组的 按钮，打开内置的"切换效果"列表框，在该列表框中选择目中切换效果，此时就能预览到切换效果；然后单击"全部应用"按钮，就把选择的切换效果应用到所有的幻灯片。

## 综合练习 5

**一、单项选择题**

1. PowerPoint 2010 的主要功能是_____。

A. 数据库管理软件

B. 文字处理软件

C. 电子表格软件

D. 幻灯片制作软件（或演示文稿制作软件）

2. 在下列 PowerPoint 的各种视图中，可编辑、修改幻灯片内容的视图是_____。

A. 普通视图         B. 幻灯片浏览视图

C. 阅读视图         D. 都可以

3. PowerPoint2010 创建的演示文稿的扩展名是_____。

A. ppax     B. pptx     C. potx     D. ppsx

4. 在 PowerPoint 2010 中保存演示文稿时，若要保存为 "PowerPoint 放映" 文件类型，其扩展名是_____。

    A. . txt　　　　　　B. . pptx　　　　　　C. . ppsx　　　　　　D. . bas

5. 演示文稿的基本组成单元是_____。

    A. 图形　　　　　　B. 幻灯片　　　　　　C. 超链点　　　　　　D. 文本

6. 普通视图下 "大纲" 选项卡中只显示_____内容。

    A. 图形对象　　　　B. 文本部分　　　　C. 色彩　　　　　　D. 动画

7. 在 PowerPoint 2010 各种视图中，可以同时浏览多张幻灯片，便于重新排序、添加、删除等操作的视图是_____。

    A. 幻灯片浏览视图　　　　　　　　B. 备注页视图

    C. 普通视图　　　　　　　　　　　D. 幻灯片放映视图

8. 关于演示文稿，下列说法不正确的是_____。

    A. 可以有很多页　　　　　　　　　B. 不能改变文字大小

    C. 可以调整文字位置　　　　　　　D. 可以有图画

9. 在 PowerPoint 2010 浏览视图下，按住 Ctrl 键并拖动某幻灯片，可以完成的操作是_____。

    A. 移动幻灯片　　B. 复制幻灯片　　C. 删除幻灯片　　D. 选定幻灯片

10. 幻灯片中占位符的作用是_____。

    A. 表示文本长度　　　　　　　　　B. 限制插入对象的数量

    C. 表示图形大小　　　　　　　　　D. 为文本、图形等对象预留位置

11. 在 PowerPoint 编辑状态下，采用鼠标拖动的方式进行复制，需要按住的组合键是_____。

    A. Shift　　　　　　B. Alt　　　　　　C. Ctrl　　　　　　D. Ctrl + Alt

12. 在 PowerPoint 2010 的普通视图下，若要插入一张新幻灯片，其操作为_____。

    A. 单击 "文件" 选项卡下的 "新建" 命令

    B. 单击 "开始" 选项卡→"幻灯片" 组中的 "新建幻灯片" 按钮

    C. 单击 "插入" 选项卡→"幻灯片" 组中的 "新建幻灯片" 按钮

    D. 单击 "设计" 选项卡→"幻灯片" 组中的 "新建幻灯片" 按钮

13. 在 PowerPoint 2010 环境中，插入一张新幻灯片的快捷键是_____。

    A. Ctrl + N　　　　B. Ctrl + M　　　　C. Alt + N　　　　D. Alt + M

14. 关于幻灯片切换，下列说法正确的是_____。

    A. 可设置切换速度　　　　　　　　B. 可添加音效

    C. 可用鼠标单击切换　　　　　　　D. 以上全对

15. 在 PowerPoint 2010 中，若要将演示文稿的放映方式设置为在展台放映，则必须对演示文稿进行的设置是_____。

    A. 换页方式为单击鼠标时换页

    B. 幻灯片放映

C. 超链接，链接的目标为下一张幻灯片

D. 幻灯片的放映方式与上述三点无关

16. 在 PowerPoint 2007 中，对"大纲"选项卡操作，可以实现_____。

    A. 查看所有幻灯片上全部内容        B. 移动幻灯片

    C. 查看所有幻灯片上的图像        D. 以上都可以

17. 在 PowerPoint 中，给演示文稿插入幻灯片应使用_____。

    A. "插入"选项        B. "幻灯片"选项卡

    C. "文件"选项卡        D. "开始"选项卡

18. 在 PowerPoint 2010 中，可以给一个对象设置_____动画效果。

    A. 1 个        B. 2 个        C. 3 个        D. 多个

19. 在 PowerPoint 的演示文稿中，插入超级链接中所链接的目标，不能是_____。

    A. 另一演示文稿        B. 不同演示文稿的某一张幻灯片

    C. 其他应用程序的文件        D. 幻灯片中的某个对象

20. 在 PowerPoint 2010 中_____元素可以添加动画效果。

    A. 文字        B. 图片        C. 文本框        D. 以上都可以

21. 在 PowerPoint 中，设置幻灯片的放映方式中用户可以设置的放映选项有_____。

    A. 循环放映        B. 放映时不加旁白

    C. 放映时不加动画        D. 以上均可

22. 在 PowerPoint 中，激活超链接的动作是使用鼠标在超链接点_____。

    A. 移过        B. 拖动        C. 单击        D. 右击

23. 幻灯片的切换方式是指_____。

    A. 在编辑幻灯片时切换不同视图

    B. 在编辑新幻灯片时的过渡形式

    C. 在幻灯片放映时两张幻灯片间过渡形式

    D. 在编辑幻灯片时两个文本框间过渡形式

24. PowerPoint 2010 中，下列关于艺术字说法正确的是_____。

    A. 一组艺术字可以有多个字体，也可以有多个字号

    B. 一组艺术字只能有一种字号，但可以有多个字体

    C. 一组艺术字只能有一种字体，但可以有多个字号

    D. 一组艺术字中只能有一种字体一个字号

25. 如果将演示文稿置于另一台不带 PowerPoint2003 系统的计算机上放映，那么应该对演示文稿进行_____。

    A. 复制        B. 打包        C. 移动        D. 打印

26. 在演示文稿中只播放几张不连续的幻灯片，应在_____中设置。

    A. 在"幻灯片放映"中的"设置幻灯片放映"

    B. 在"幻灯片放映"中的"自定义幻灯片放映"

    C. 在"幻灯片放映"中的"广播幻灯片"

D. 在"幻灯片放映"中的"录制演示文稿"

27. 添加动画时不可以设置文本_____。

    A. 整批发送       B. 按字/词发送     C. 按字母发送      D. 按句发送

28. 将幻灯片改为"灰度"是在_____中设置。

    A. 设计           B. 切换           C. 审阅           D. 视图

29. 关于幻灯片主题说法错误的是_____。

    A. 可以应用于所有幻灯片         B. 可以应用于指定幻灯片

    C. 可以对已使用的主题进行更改     D. 可以在"文件→选项"中更改

30. 隐藏背景图形是在_____选项卡中完成。

    A. 设计→主题              B. 设计→背景样式

    C. 插入→图片              D. 审阅

31. 在 PowerPoint2010 设置放映方式的选项中，不包括_____。

    A. 演讲者放映              B. 观众自行浏览

    C. 投影机放映              D. 在展台浏览

32. 在 PowerPoint2010 在幻灯片中建立超链接有两种方式：通过把某对象动作为超链接和_____。

    A. 文本框       B. 文本         C. 图片         D. 动作按钮

33. 幻灯处放映过程中，单击鼠标右键，选择"指针选项"中的荧光笔，在讲解过程中可以进行写和画，其结果是_____。

    A. 对幻灯片进行了修改

    B. 对幻灯片没有进行修改

    C. 写和画的内容留在幻灯片上，下次放映还会显示出来

    D. 写和画的内容可以保存起来，以便下次放映时显示出来

34. 如果要从一张幻灯片"溶解"到下一张幻灯片，应使用_____。

    A. 动作设置     B. 加动画       C. 幻灯片切换     D. 页面设置

35. 在 PowerPoint 中，可以改变单个幻灯片背景_____。

    A. 颜色和字体           B. 颜色、填充效果

    C. 图案和字体           D. 灰度、纹理和字体

**二、多项选择题**

1. 在 PowerPoint 2010 中插入或删除幻灯片的操作可以从_____下进行。

    A. 幻灯片浏览视图          B. 普通视图

    C. 备注页视图             D. 阅读视图

2. PowerPoint 的母版视图有哪_____种。

    A. 幻灯片母版     B. 备注母版      C. 讲义母版     D. 标题母版

3. 在使用了主题后，幻灯片标题_____。

    A. 可以改变位置     B. 可以删除     C. 可以修改格式     D. 均不可以

4. 在 PowerPoint 中，可以设置_____。

　　A. 水平文本框和垂直文本框　　　　　　B. 删除文本框

　　C. 旋转文本框　　　　　　　　　　　　D. 移动文本框

5. 在 PowerPoint 2007 中，可以用_____的方法在幻灯片中添加文本。

　　A. 使用占位符　　　B. 插入艺术字　　　C. 使用备注窗格　　　D. 使用文本框

6. 打印演示文稿时打印内容设置有_____。

　　A. 幻灯片　　　　　B. 讲义　　　　　　C. 备注页　　　　　　D. 大纲

7. "幻灯片切换"对话框中换页方式有自动换页和手动换页，以下叙述中不正确的是_____。

　　A. 同时选择"单击鼠标换页"和"每隔____秒"两种换页方式，但"单击鼠标换页"方式不起作用

　　B. 可以同时选择"单击鼠标换页"和"每隔____秒"两种换页方式

　　C. 只允许在"单击鼠标换页"和"每隔____秒"两种换页方式中选择一种

　　D. 同时选择"单击鼠标换页"和"每____隔秒"两种换页方式，但"每____隔秒"方式不起作用

8. 在幻灯片中能够插入的对象有_____。

　　A. 剪贴画　　　　　B. SmartArt 图形　　C. 声音　　　　　　D. 影片

9. 在 PowerPoint 中，下列各项能作为幻灯片背景的是_____。

　　A. 图片　　　　　　B. 图案　　　　　　C. 视频　　　　　　D. 纹理

10. 普通视图下包括_____。

　　A. 大纲/幻灯片切换窗格　　　　　　　　B. 幻灯片窗格

　　C. 备注窗格　　　　　　　　　　　　　D. 任务窗格

11. 关于幻灯片切换，下列说法正确的是_____。

　　A. 可设置进入效果　　　　　　　　　　B. 可设置切换音效

　　C. 可用鼠标单击切换　　　　　　　　　D. 以上全不对

12. 在 PowerPoint 中结束幻灯片放映，可以使用_____操作。

　　A. 按 <Esc> 键　　　　　　　　　　　B. 按 <End> 键

　　C. 按 <Alt + F4> 键　　　　　　　　　D. 单击鼠标右键，选择"结束放映"

13. 在 PowerPoint 2010 中，下列有关选定幻灯片的说法正确的是_____。

　　A. 在幻灯片浏览视图中单击幻灯片，即可选定

　　B. 在幻灯片浏览视图中，若要选定所有幻灯片，应使用 Ctrl + A 键

　　C. 要选定多张不连续的幻灯片，在幻灯片浏览视图下按住 Ctrl 键并单击各幻灯片即可

　　D. 在阅读视图下，也可以选定多个幻灯片

14. 在制作演示文稿时，可以预先为幻灯片对象创建超链接，关于"超级链接"，以下说法正确的是_____。

　　A. 超链接目的地只能是指向另一个演示文稿

　　B. 超链接目的地可以指向某个 Word 文档或 Excel 文档

C. 超链接目的地可以指向邮件地址

D. 超链接目的地也可以指向某个网址

15. 在 PowerPoint 中，可以直接插入的"动作按钮"有_____。

　　A. 声音　　　　　　　　　　B. 帮助

　　C. 上一张，第一张　　　　　D. 影片

### 三、判断题（正确的为 T，错误的为 F）

1. 每张幻灯片只能包含一个链接点。　　　　　　　　　　　　　（　　）

2. 演示文稿一般依次放映。要改变这种顺序，可以通过超链接的方式实现。（　　）

3. 在 PowerPoint 2010 中，演示文稿的背景不能修改。　　　　　（　　）

4. PowerPoint 放映幻灯片必须从第一张开始。　　　　　　　　　（　　）

5. 幻灯片中的声音总是在执行到该幻灯片时自动播放。　　　　　（　　）

6. 要广播演示文稿，需要单击"文件"选项卡中的"共享"命令"文件－共享"命令，在打开的窗口单击"共享"下的"广播幻灯片"。　　　　　　　　（　　）

7. 在"大纲"选项卡下，只能显示出标题和正文，不显示图像.表格等其他信息。
　　　　　　　　　　　　　　　　　　　　　　　　　　　　　（　　）

8. 在 PowerPoint 中如果更换幻灯片模板，幻灯片的母版、配色方案和幻灯片版式都会改变。　　　　　　　　　　　　　　　　　　　　　　　　　（　　）

9. 在一个演示文稿中，可以应用多个主题。　　　　　　　　　　（　　）

10. 可以为演示文稿中的各个幻灯片设计多种背景。　　　　　　　（　　）

### 四、填空题

1. 用 PowerPoint 应用程序所创建的用于演示的文件称为_____，其扩展名为_____。

2. _____是 PowerPoint 中预先设置好的一组带有特定动作的图形按钮，应用这些预置好的按钮，可以实现在放映幻灯片时跳转的目的。

3. 在 PowerPoint 中可以设置各个幻灯片之间的_____，以增加幻灯片的动态效果。

4. 在 PowerPoint 2010 中，可以为幻灯片中的对象设置_____、_____、_____和_____ 4 种动画效果。

5. 当完成演示文稿内容制作之后，可以运用 PowerPoint 的_____功能来排练整个演示文稿放映的时间。

6. 为了能在没有安装 PowerPoint 的电脑中放映演示文稿，可将放映演示文稿所需要的文件_____，在其他计算机中解包后即可进行放映。

7. 在 PowerPoint 中，一张 A4 纸最多可以打印_____张幻灯片。

8. 在 PowerPoint 中，播放幻灯片的快捷键是_____，停止幻灯片播放应按_____键。

9. 演示文稿有_____种视图，分别是_____、_____、_____、_____等视图。

10. 演示文稿设计模板的扩展名是_____。

### 五、操作题

请根据提供的素材文件"ppt 素材 . docx"中的文字、图片设计制作演示文稿，并以文件

名"ppt. pptx"存盘，具体要求如下：[二级 MS office 高级应用考试真题]

1. 将素材文件中每个矩形框中的文字及图片设计为 1 张幻灯片，为演示文稿插入幻灯片编号，与矩形框前的序号一一对应。

2. 第 1 张幻灯片作为标题页，标题为"云计算机简介"，并将其设为艺术字，有制作日期（格式：××××年××月××日），并指明制作者为"考试×××"。第 9 张幻灯片中的"敬请批评指正！"采用艺术字。

3. 幻灯片版式至少有 3 种，并为演示文稿选择一个合适的主题。

4. 为第 2 张幻灯片中的每项内容插入超级链接，点击时转到相应幻灯片。

5. 第 5 张幻灯片采用 SmartArt 图形中的组织结构图来表示，最上级内容为"云计算机的五个主要特征"，其下级依次为具体的五个特征。

6. 为每张幻灯片中的对象添加动画效果，并设置 3 种以上幻灯片切换效果。

7. 增大第 6、7、8 页中图片显示比例，达到较好的效果。

# 第6章 数据库管理系统 Access 2010

## 【本章学习目标】

能熟练掌握数据库的相关概念，常用的数据模型，Access2010 启动和退出方法，Access2010 界面的构成，数据库的创建、打开、关闭和管理操作，创建表的方法。表字段属性的设置，常用的表的操作及表之间的关系设定，记录的基本操作，查询的设计和应用，创建窗体的方法及工具箱中各种控件的使用方法，报表的创建与修改，在报表中排序和分组等；能运用各种查询实现对表中数据进行访问，运用窗体实现添加。修改表中的数据及运用报表打印数据等。

## 项目6.1 创建"工资管理系统"数据库

### 【项目要求】

本项目的实验素材在"实验素材＼第6章＼"下。

使用空数据库的创建方法创建"工资管理系统"数据库，并将建好的数据库保存。

### 【项目目的】

了解 Access 2010 的基本特点和界面组成，掌握 Access 2010 的启动，退出方法，数据库的创建，打开和关闭的基本操作，Access 2010 的七种对象和数据库窗口的基本操作。

### 【项目步骤】

第1步：启动 Access 2010，打开如图6-1所示 Access 2010 用户操作界面。

第2步：单击"空白数据库"，在用户界面的右边会出现文件名和保存位置如图6-2所示。

第3步：单击文件名右边存放数据库位置的打开按钮，打开"文件新建数据库"对话框。

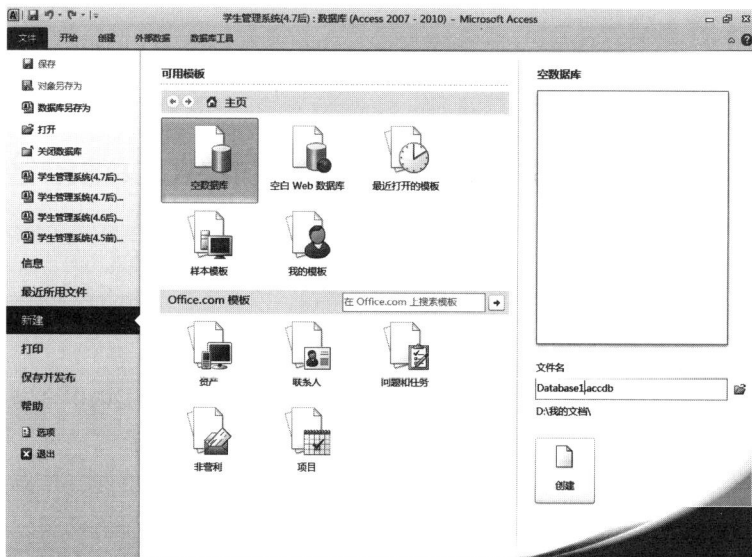

图 6-1　创建空白数据库窗口

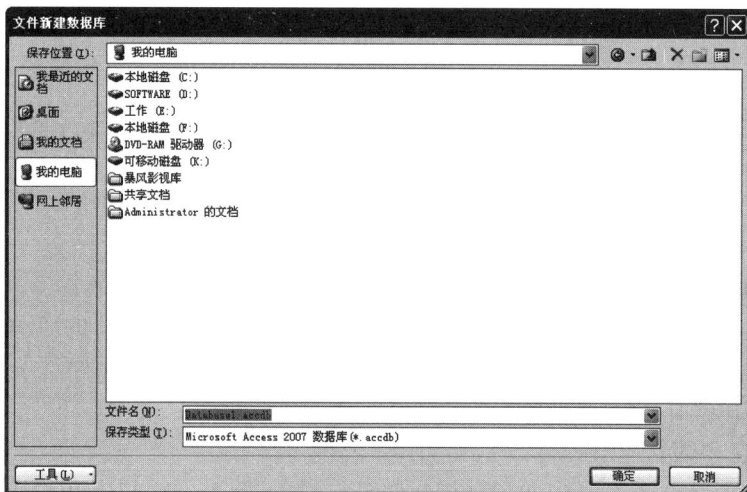

图 6-2　"打开"对话框

第 4 步：在该对话框的"保存位置"栏中找到 D 盘"我的文档"文件夹并打开。

第 5 步：在"文件名"文本框中输入"工资管理系统"，单击"确定"按钮。

# 项目 6.2 数据表操作

【项目要求】

本项目的实验素材在"实验素材 \ 第 6 章 \ "下。

1. 在"工资管理系统"数据库中创建"教师表"和"工资表"（各表结构见表 6－1），同时创建各表的主键。

表 6－1 "教师表"和"工资表"的表结构

| 表名称 | 字段名称 | 数据类型 | 字段大小、格式 |
|---|---|---|---|
| 教师表 | 工号（主键） | 文本 | 5 |
| | 姓名 | 文本 | 16 |
| | 性别 | 文本 | 1 |
| | 出生日期 | 日期/时间 | 短日期 |
| | 工作日期 | 日期/时间 | 短日期 |
| | 职称 | 文本 | 6 |
| | 系别 | 文本 | 8 |
| 工资表 | 工资号（主键） | 文本 | 4 |
| | 工号（主键） | 文本 | 5 |
| | 基本工资 | 数字 | 单精度型．货币 |
| | 奖金 | 数字 | 单精度型．货币 |
| | 扣除 | 数字 | 单精度型．货币 |

2. 为"教师表"的各个字段设置属性："性别"字段的默认值为"男"；"工号"字段必须输入 5 位数字；"工作日期"字段的有效性规则为"必须输入今年 9 月 1 日之前的日期"，有效性文本为"输入数据有误，请重新输入"。

3. 建立表之间的关系："教师表"和"工资表"之间一对多的关系，并且实施参照完整性。

4. 为"教师表"输入如表 6－2 所示的记录，其余数据参照附件工资管理系统．xlsx 中的数据，主要练习记录的添加、编辑、删除、查找和替换等操作。

表 6 – 2 "教师表"记录

| 工号 | 姓名 | 性别 | 出生日期 | 工作日期 | 职称 | 系别 |
| --- | --- | --- | --- | --- | --- | --- |
| 05001 | 李庆 | 男 | 1980 – 1 – 27 | 2005 – 7 – 1 | 副教授 | 计算机 |
| 05101 | 吴志强 | 男 | 1980 – 9 – 7 | 2005 – 9 – 1 | 讲师 | 护理 |
| 05201 | 贾雪娜 | 女 | 1981 – 4 – 8 | 2005 – 7 – 1 | 副教授 | 经管 |
| 05301 | 朱曼茹 | 女 | 1982 – 7 – 8 | 2005 – 6 – 28 | 讲师 | 医学 |
| 06101 | 于洋 | 男 | 1982 – 9 – 19 | 2006 – 7 – 5 | 讲师 | 护理 |
| 06201 | 刘雪莹 | 女 | 1983 – 6 – 25 | 2006 – 9 – 1 | 讲师 | 经管 |

【项目目的】

掌握创建表的各种方法；通过设置字段属性加深对数据类型的理解；创建主键、默认值、输入掩码、有效性规则和有效性文本的方法；在表之间创建关系的方法和记录的基本操作。

【项目步骤】

第 1 步：在"工资管理系统"数据库中创建"教师表"和"工资表"（各表结构见表 6 – 1），同时创建各表的主键。

💻启动 Access 2010，打开"工资管理系统"数据库。

💻单击"创建"选项卡，在"表"组中选择"表"命令（选择"表设计"命令，可直接打开表的设计视图），打开数据表视图，如图 6 – 3 所示。

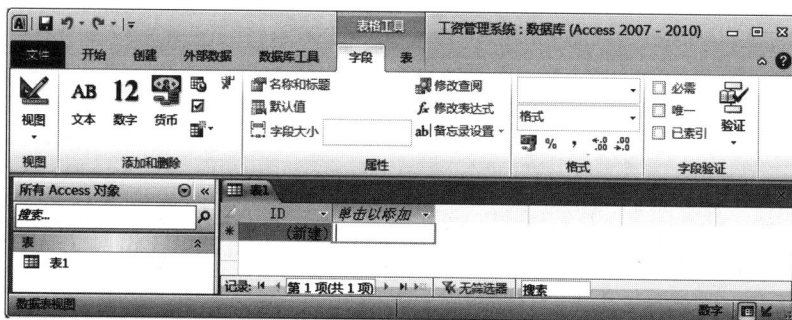

图 6 – 3 表的数据表视图

💻右键单击表 1，选择"设计视图"命令，弹出"另存为"对话框，如图 6 – 4 所示，在表名称中输入"教师表"，"确定"，打开表的设计视图。

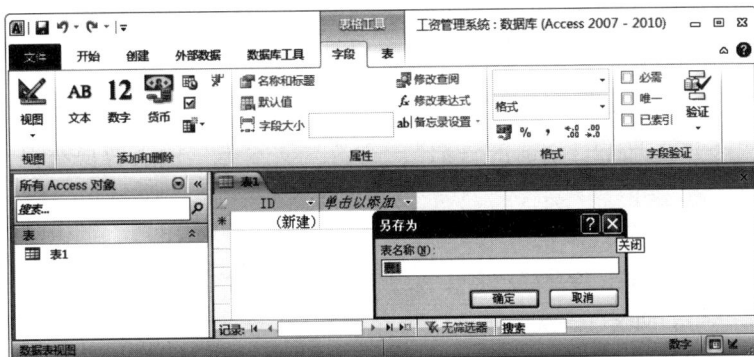

图 6-4 设计视图"另存为"对话框

💻按表 6-1 的表结构要求定义"工资表"的各字段。

💻将所有字段的名称、数据类型、说明等项内容输入完毕后,选中"工号"字段设置表的主键,如图 6-5 所示。

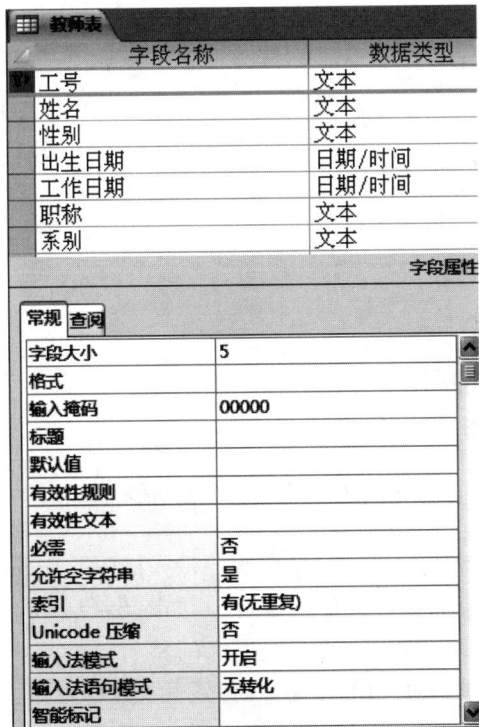

| 字段名称 | 数据类型 |
|---|---|
| 工号 | 文本 |
| 姓名 | 文本 |
| 性别 | 文本 |
| 出生日期 | 日期/时间 |
| 工作日期 | 日期/时间 |
| 职称 | 文本 |
| 系别 | 文本 |

字段属性

**常规** 查阅

| | |
|---|---|
| 字段大小 | 5 |
| 格式 | |
| 输入掩码 | 00000 |
| 标题 | |
| 默认值 | |
| 有效性规则 | |
| 有效性文本 | |
| 必需 | 否 |
| 允许空字符串 | 是 |
| 索引 | 有(无重复) |
| Unicode 压缩 | 否 |
| 输入法模式 | 开启 |
| 输入法语句模式 | 无转化 |
| 智能标记 | |

图 6-5 "教师表"的设计视图

□重复第 2 步~第 5 步，创建"工资表"。

第 2 步：为"教师表"的各个字段设置属性："性别"字段的默认值为"男"；"工号"字段必须输入 5 位数字；"工作日期"字段的有效性规则为"必须输入今年 9 月 1 日之前的日期"，有效性文本为"输入数据有误，请重新输入"。

□打开"工资管理系统"数据库。

□打开"教师表"的设计视图，选择"性别"字段，在字段属性的默认值中设置为"男"，如图 6 - 6 所示。

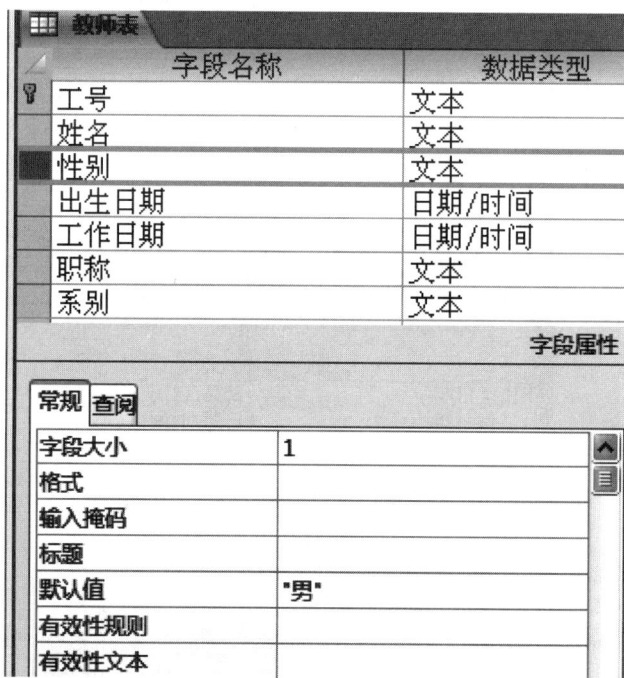

图 6 - 6 "性别"默认值为"男"

□选择"工号"字段，在字段属性的"输入掩码"中输入"000000"，在有效性文本为"输入数据有误，请重新输入"，如图 6 - 7 所示。

□选择"工作日期"字段，在字段属性的"有效性规则"中输入"< Date-Serial（Year（Date（）），9，1）"，在"有效性文本"中输入"输入数据有误，请重新输入"，如图 6 - 8 所示。

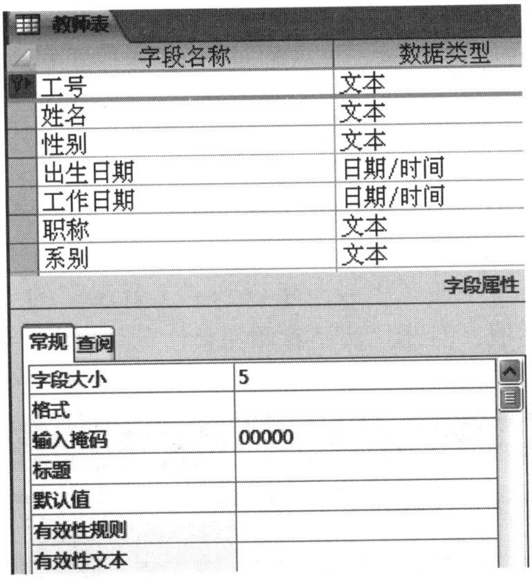


图 6－7　“工号”字段输入掩码为“00000”

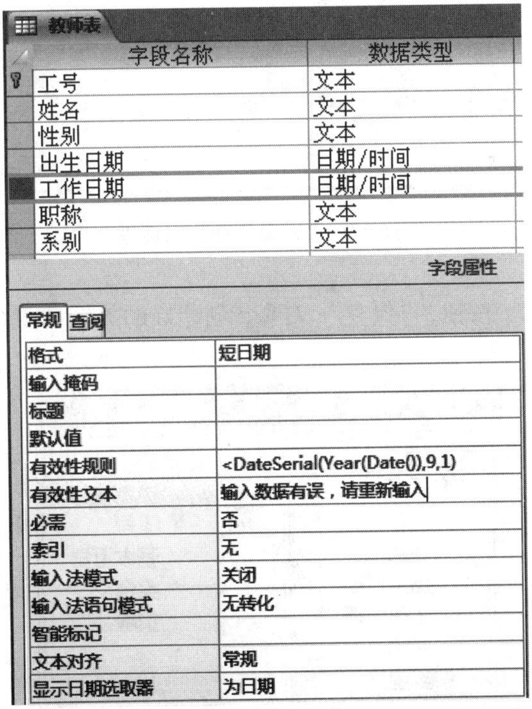


图 6－8　“工作日期”有效性规则、有效性文本设置

⌨单击标题栏的"保存"按钮。

第3步：建立表之间的关系，"教师表"和"工资表"之间一对多的关系，并且实施参照完整性。

⌨打开"工资管理系统"数据库，选择"关系"命令。

⌨在"显示表"对话框中依次将"教师表"和"工资表"添加到关系窗口，关闭"显示表"对话框。

⌨拖动"教师表"中的"工号"字段到"工资表"的"工号"字段上，出现"编辑关系"对话框，勾选"实施参照完整性"，如图6-9所示。

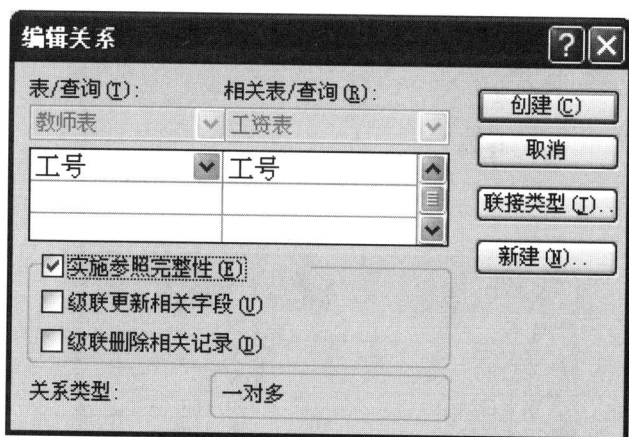

图6-9 "编辑关系"对话框

⌨单击"创建"按钮，"保存"关系。创建好的关系如图6-10所示。

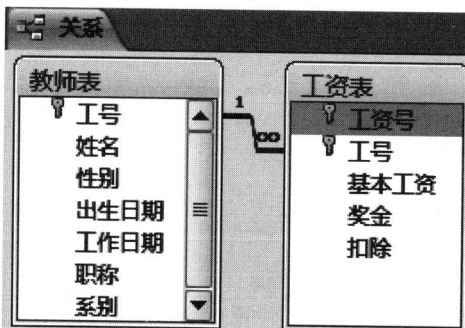

图6-10 关系窗口

第 4 步：为"教师表"输入如表 6-2 所示的记录，其余数据参照附件工资管理系统 .xlsx 中的数据，主要练习记录的添加、编辑、删除、查找和替换等操作。

📄打开"工资管理系统"数据库，打开"教师表"数据表视图。

📄在"教师表"中进行记录的添加、修改、删除等操作，如图 6-11 所示。

📄以同样的方法完成"工资表"的记录输入。

| 工号 | 姓名 | 性别 | 出生日期 | 工作日期 | 职称 | 系别 |
|---|---|---|---|---|---|---|
| 05001 | 李庆 | 男 | 1980-1-27 | 2005-7-1 | 副教授 | 计算机 |
| 05101 | 吴志强 | 男 | 1980-9-7 | 2005-9-1 | 讲师 | 护理 |
| 05201 | 贾雪娜 | 女 | 1981-4-8 | 2005-7-1 | 副教授 | 经管 |
| 05301 | 朱曼茹 | 女 | 1982-7-8 | 2005-6-28 | 讲师 | 医学 |
| 06101 | 于洋 | 男 | 1982-9-19 | 2006-7-5 | 讲师 | 护理 |
| 06201 | 刘雪莹 | 女 | 1983-6-25 | 2006-9-1 | 讲师 | 经管 |

记录：第 1 项(共 12 项)  无筛选器  搜索

图 6-11  "教师表"输入记录

## 项目 6.3  查询操作

### 【项目要求】

本项目的实验素材在"实验素材\第 6 章\"下。

1. 使用设计器创建一个选择查询：2007 年以后工作的教师信息，查询 2007 年以后工作的教师的"工号"、"姓名"和"职称"。

2. 创建查询：各系基本工资合计，统计各个系基本工资的和。

3. 创建参数查询：系别教师信息，根据输入的系名称查询讲师的"姓名"、"性别"和"职称"。

4. 使用生成表查询建立"工资合计表"，查询字段为"工号"、"姓名"、"工资号"、"工资合计"字段，查询命名为"工资合计查询"。

### 【项目目的】

掌握创建查询。在查询中使用条件，创建选择查询和操作查询的方法。

### 【项目步骤】

第 1 步：使用设计器创建一个选择查询：2007 年以后工作的教师信息，查询 2007 年以后工作的教师的"工号"、"姓名"和"职称"。

📄打开"工资管理系统"数据库，选择"查询设计"命令。

📄在"显示表"对话框中将"教师表"添加到查询中。

💻在查询设计窗口中依次双击"工号"、"姓名"、"职称"和"工作日期"字段添加到设计网络的"字段"行中。

💻在设计网络中单击"工作日期"字段的"条件"单元格,然后输入"Year([工作日期])>=2007",取消勾选工作日期的"显示"框,如图6-12所示。

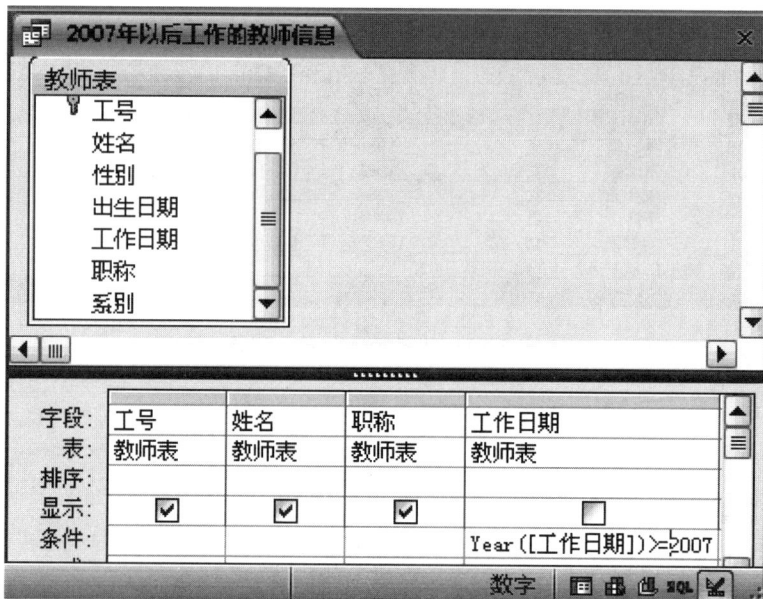

图6-12 "2007年以后工作的教师信息"设计视图

💻单击"运行"命令,查看选择查询的运行结果,"保存"命名为"2007年以后工作的教师信息"。

第2步:创建查询:各系基本工资合计,统计各个系基本工资的和。

💻打开"工资管理系统"数据库,选择"查询设计"命令。

💻在"显示表"对话框中将"教师表"和"工资表"添加到查询中。

💻在查询设计窗口中依次双击"系别"、"基本工资"字段添加到设计网络中。

💻单击"设计"选项卡中的"汇总"按钮,设计网格中添加"总计"行。

■在"基本工资"字段的汇总行中选择"合计",并更改字段名称为"基本工资和:基本工资",如图 6 – 13 所示。

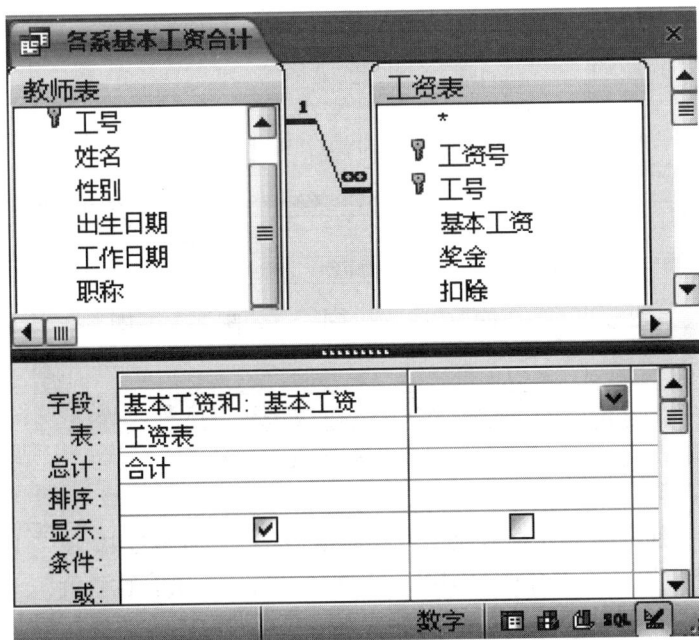

图 6 – 13  "各系基本工资合计"设计视图

■"运行",查看选择查询的运行结果,"保存"为"各系基本工资合计"。

第3步:创建参数查询:系别教师信息,根据输入的系名称查询讲师的"姓名"、"性别"和"职称"。

■打开"工资管理系统"数据库,选择"查询设计"命令。

■在"显示表"对话框中将"教师表"和"工资表"添加到查询中。

■在查询设计窗口中依次双击"系别"、"姓名"、"性别"和"职称"字段添加到设计网络中。

■在"系别"字段"条件"行中输入:〔请输入系别名称:〕,如图 6 – 14 所示。

■"运行",根据提示输入参数,例如输入系别:计算机,查看选择查询的运行结果,"保存"为"系别教师信息"。

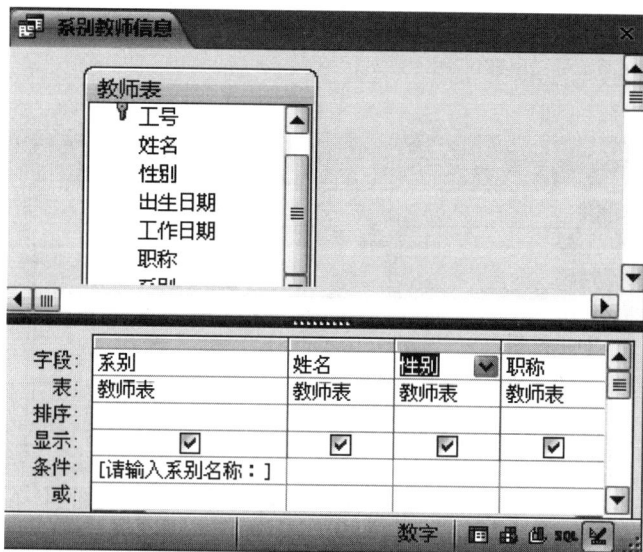

图 6-14 "系别教师信息"设计视图

第 4 步：使用生成表查询建立"工资合计表"，查询字段为"工号"、"姓名"、"工资号"、"工资合计"字段，查询命名为"工资合计查询"。

💻打开"工资管理系统"数据库，选择"查询设计"命令。

💻在"显示表"对话框中将"教师表"、"工资表"添加到查询中。

💻在查询设计窗口中依次双击"工号"、"姓名"、"工资号"字段添加到设计网络的"字段"行中。

💻在新的字段行中输入：工资合计：[基本工资]+[奖金]-[扣除]。

💻选择"查询类型"中"生成表查询"，在弹出的"生成表"对话框中输入新表名称：工资合计表，如图 6-15 所示。

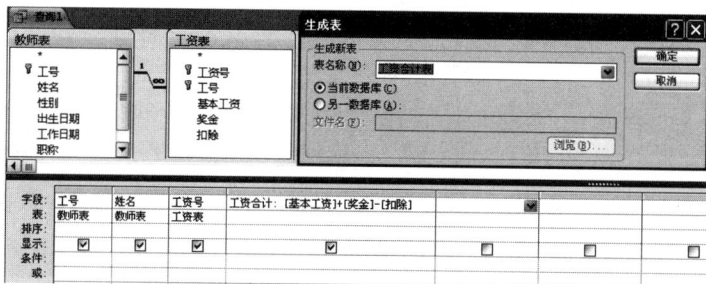

图 6-15 在设计视图中创建生成表查询

单击"运行"命令，查看选择查询的运行结果；"保存"为"工资合计查询"。

## 项目 6.4　窗体操作

【项目要求】

本项目的实验素材在"实验素材 \ 第 6 章 \ "下。

1. 使用窗体向导创建多表分层窗体，其中主窗体用于显示教师信息，子窗体包含在主窗体中，用于显示相应的工资信息。使用主窗体上的"浏览"按钮可在不同的教师记录间移动，子窗体中的工资信息随主窗体数据的变化而改变。

2. 在设计视图中创建一个窗体，以该窗体作为主窗体，用于显示"教师表"中的数据，然后在窗体页眉上创建标签控件"教师信息浏览窗体"，在窗体的下部有三个命令按钮，分别是"前一项记录"按钮、"下一项记录"按钮、"关闭窗体"按钮，并调整它们的布局方式。

【项目目的】

掌握创建窗体的方法；掌握常用控件的使用方法；掌握使用窗体处理数据的方法。

【项目步骤】

第 1 步：使用窗体向导创建多表分层窗体，其中主窗体用于显示教师信息，子窗体包含在主窗体中，用于显示相应的工资信息。使用主窗体上的"浏览"按钮可在不同的教师记录间移动，子窗体中的工资信息随主窗体数据的变化而改变。

打开"工资管理系统"数据库，选择"创建"选项卡，单击"窗体"组的"窗体向导"，弹出如图 6 - 16 所示的对话框。

在"表/查询"列表中选择表"教师表"可用字段中的"工号"、"姓名"、"职称"、"系别"，"工资表"可用字段中的"工资号"、"基本工资"、"奖金"、"扣除"添加到"选定字段"中，如图 6 - 17 所示，点击"下一步"。

确定在窗体上查看数据的方式。本操作应在左窗口选择"通过教师表"选项，然后选中"带有子窗体的窗体"项，这时将在右窗口看到分层窗体的布局效果，如图 6 - 18 所示，"下一步"。

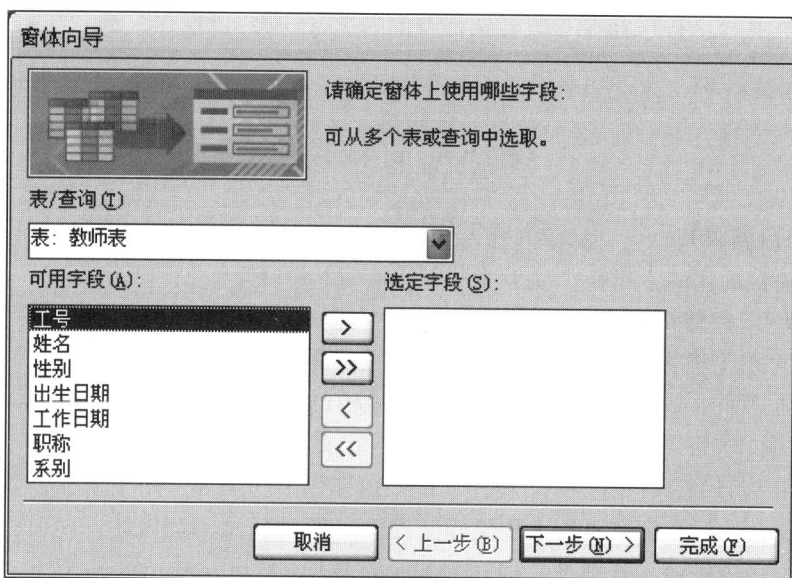

图 6 – 16　窗体向导对话框

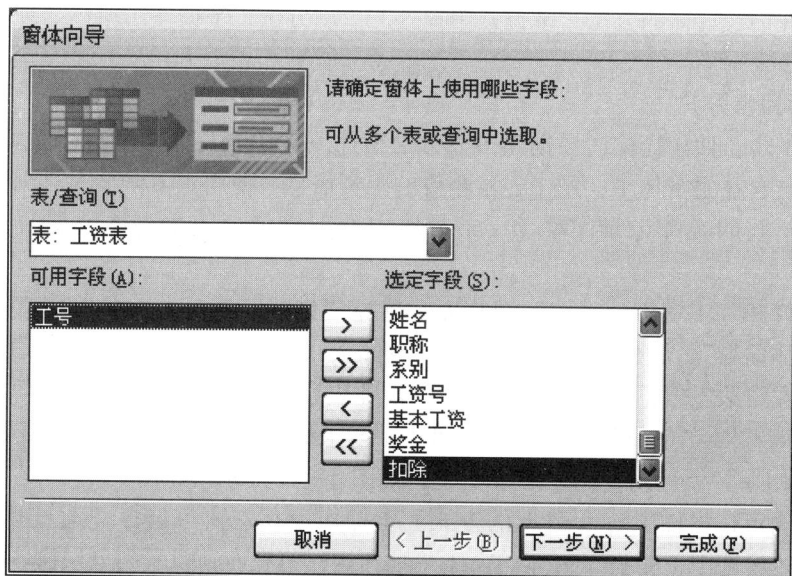

图 6 – 17　选择数据来源

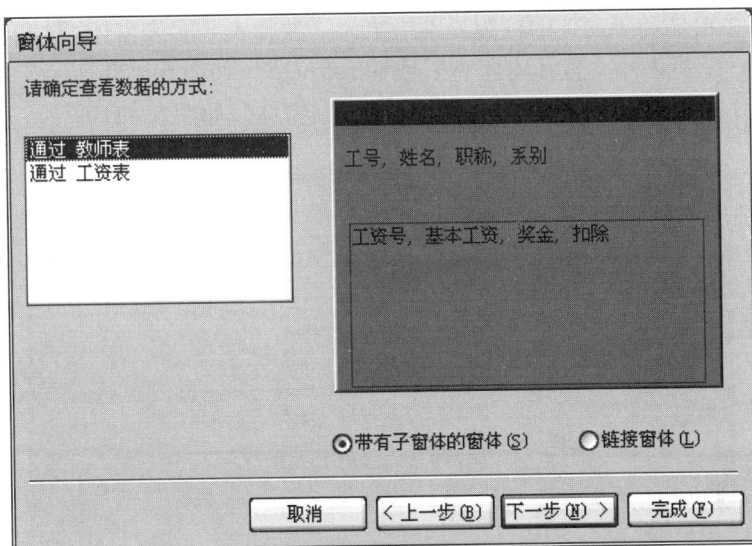

图 6 – 18　选择查看数据的方式图

🖳 确定子窗体所用的布局方式，可选择"表格"或"数据表"，可在对话框的左面看到相应的布局效果，如图 6 – 19 所示，"下一步"。

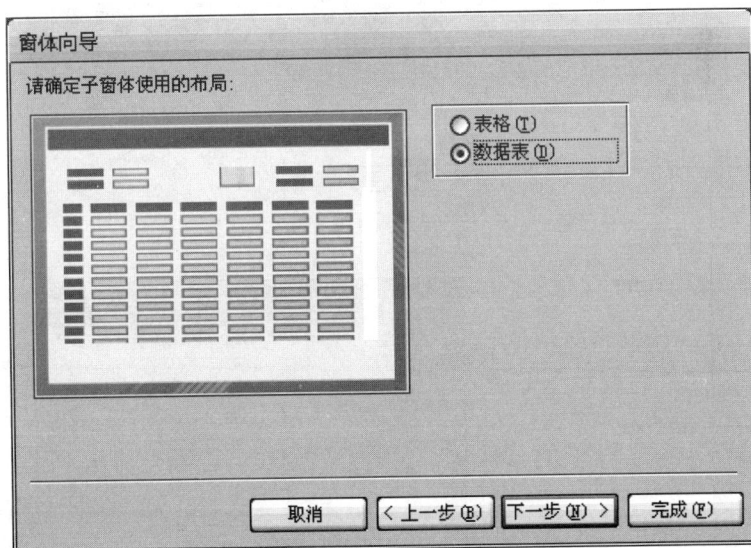

图 6 – 19　确定子窗体所用的布局方式

　　将主窗体和子窗体的标题分别指定为"教师表（多表窗体）"和"工资表（子窗体）"，并选种"打开窗体查看或输入信息"，如图 6 - 20 所示。单击"完成"按钮，将在窗体视图中查看所生成的分层窗体，如图 6 - 21 所示。

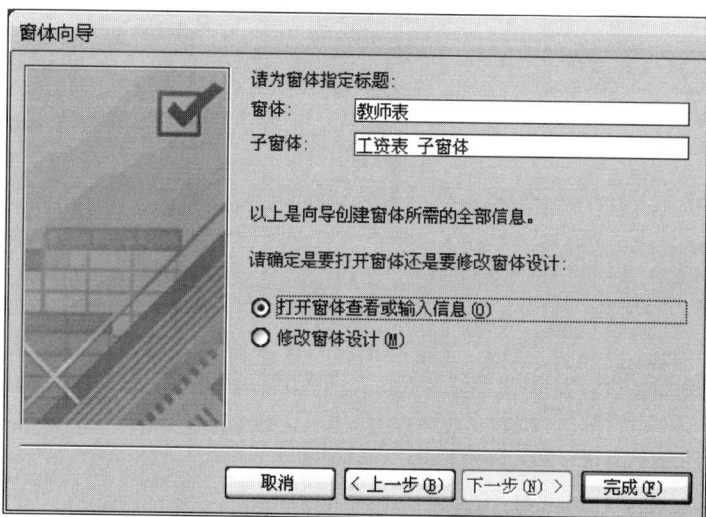

图 6 - 20　为主窗体和子窗体指定标题

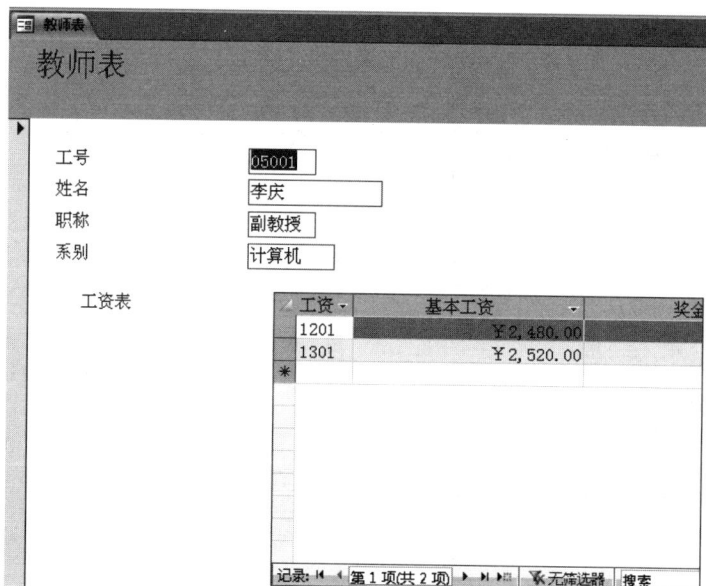

图 6 - 21　在窗体视图中查看分层窗体

第 2 步：在设计视图中创建一个窗体，以该窗体作为主窗体，用于显示"教师表"中的数据，然后在窗体页眉上创建标签控件"教师信息浏览窗体"，在窗体的下部有三个命令按钮，分别是"前一项记录"按钮、"下一项记录"按钮、"关闭窗体"按钮，并调整它们的布局方式。

⌨打开"工资管理系统"数据库，选择"窗体设计"命令。

⌨选择"设计"选项卡"工具"组中"添加现有字段"命令，选择窗体的数据源和来源表字段。

⌨在窗体页眉节添加一个标签控件，并输入内容"教师信息浏览窗体"（如果看不到窗体页眉，可以在主体节右键选择"窗体页眉/页脚"命令即可）。

⌨选择来源表字段，将它们拖到窗体的主体节上。

在窗体上调整各控件的大小和对齐方式，如图 6 – 22 所示。

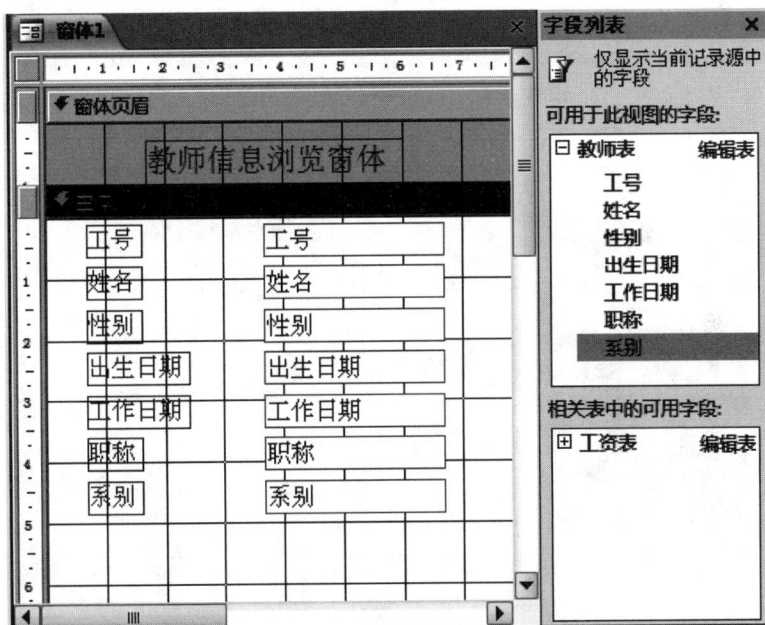

图 6 – 22　将字段添加到窗体中

⌨单击"设计"选项卡"控件"组中的"按钮"命令，在主体中按住鼠标左键拖动，弹出"命令按钮向导"对话框，如图 6 – 23 所示，在类别栏中选择"记录导航"项，在操作栏选择"转至前一项记录"项，单击"下一步"按钮，弹出如图 6 – 24 所示对话框，选择"文本"单选项，单击"完成"按钮，在窗体上即创建"下一项记录"命令按钮。

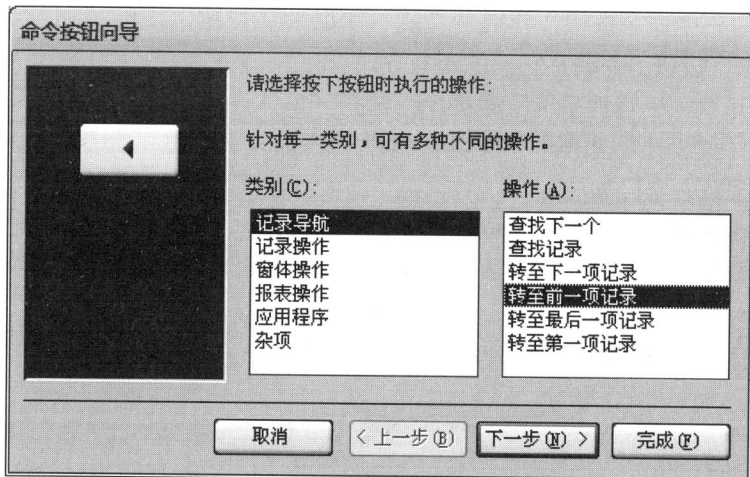

图 6-23 "选择命令按钮"对话框

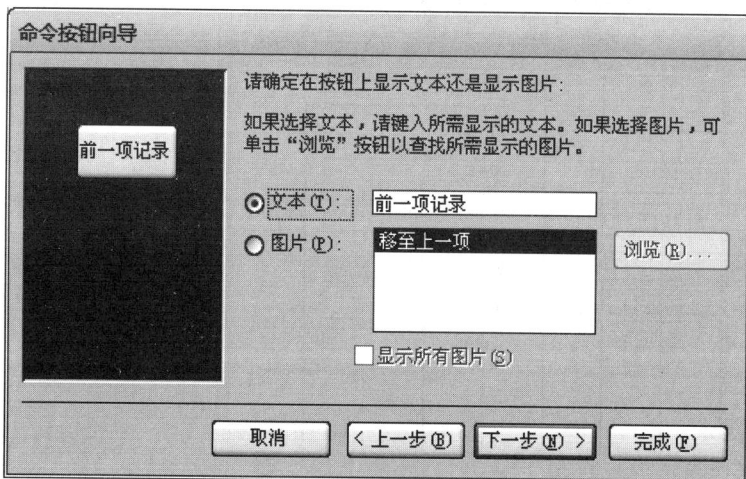

图 6-24 "查找前一项"对话框

　　■重复步骤第六步：创建"下一项记录"和"关闭窗体"命令按钮，调整其位置使它们对齐，如图 6-25 所示。
　　■保存该窗体为"图书信息窗体"，并用"窗体视图"打开该窗体，查看效果，如图 6-26 所示。

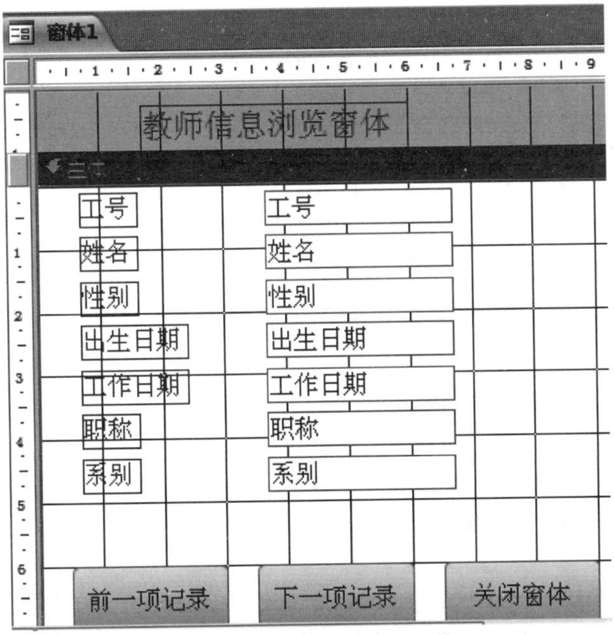

图 6 - 25　教师信息窗体设计设计

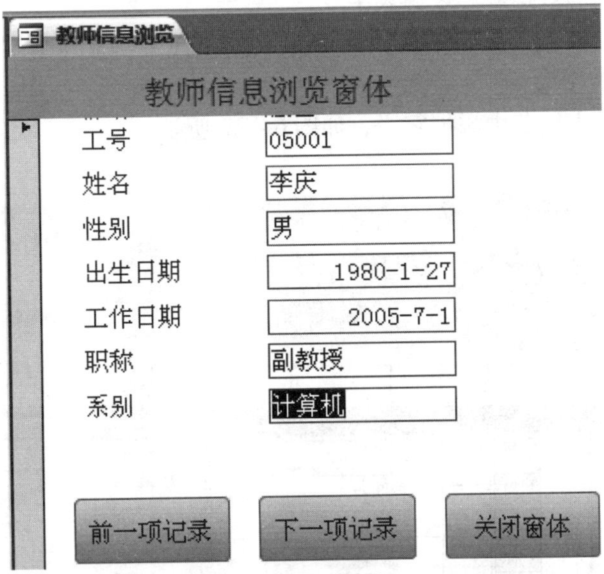

图 6 - 26　窗体视图打开"教师信息浏览窗体"

## 项目 6.5 报 表 操 作

【项目要求】

本项目的实验素材在"实验素材＼第 6 章＼"下。

1. 使用设计视图创建"教师信息报表",包括"工号"、"姓名"、"性别"、"职称"和"系别"字段。报表的标题为"教师基本信息",设置页码。

2. 对上题"教师信息报表"中的记录按照"工号"进行降序排序,按系别名称进行分组。

3. 打印"教师信息报表"。

【项目目的】

掌握创建报表的方法;掌握在报表中对数据进行排序和分组的方法;掌握对报表内容进行预览和打印输出的方法。

【项目步骤】

第 1 步:使用设计视图创建"教师信息报表",包括"工号"、"姓名"、"性别"、"职称"和"系别"字段。报表的标题为"教师基本信息",设置页码。

🖳打开"工资管理系统"数据库报表设计视图窗口。

🖳选择报表的数据源和来源表字段。

🖳在报表的报表页眉中添加一个标签控件,输入"教师基本信息"为报表的标题。

🖳在报表的主体节中添加字段,如图 6 - 27 所示。

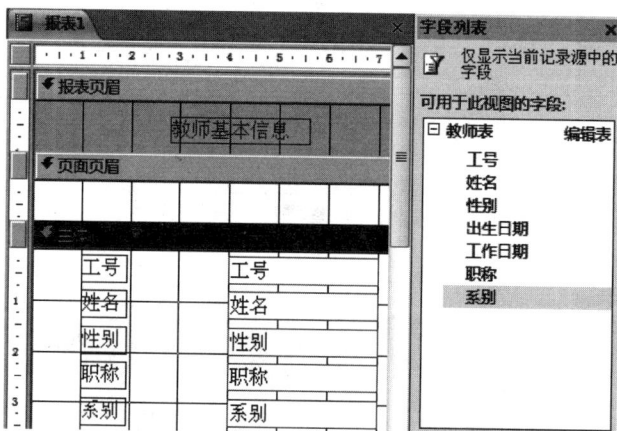

图 6 - 27　添加标题和字段的报表设计视图

☐设置页码，如图 6 – 28 所示，从中选择格式、位置、对齐方式等，然后单击"确定"按钮。

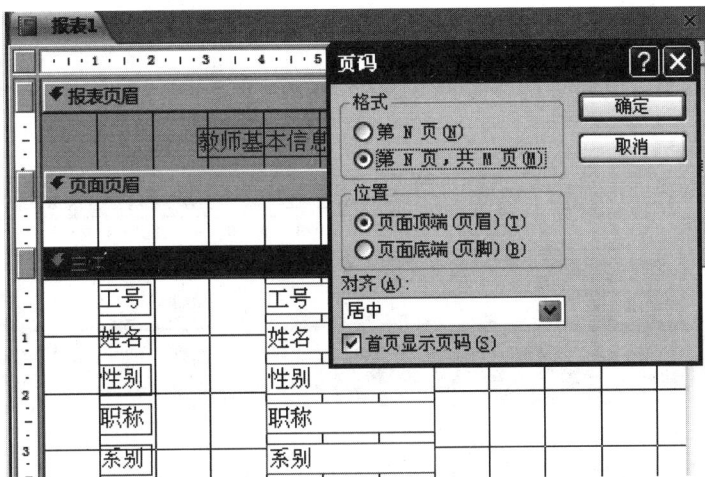

图 6 – 28  "插入页码"对话框

☐通过打印预览生成的报表布局，在设计视图中对控件的布局进行调整。

☐以"教师信息报表"为名保存报表，"打印预览"按钮查看报表中的数据，如图 6 – 29 所示。

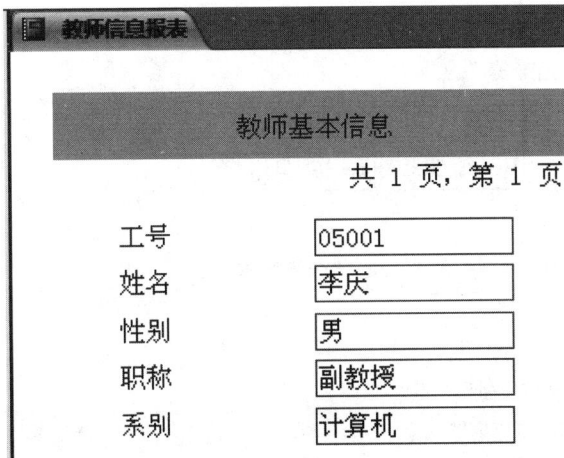

图 6 – 29  报表预览

第2步：对上题"教师信息报表"中的记录按照"工号"进行降序排序，按系别名称进行分组。

💻打开"教师信息报表"设计视图，在"设计"选项卡的"分组和汇总"组中单击"分组和排序"命令，在报表的下面会出现分组、排序和汇总区，选择对应的分组字段：系别，选择对应的排序字段：工号，并选择降序，如图6-30所示。

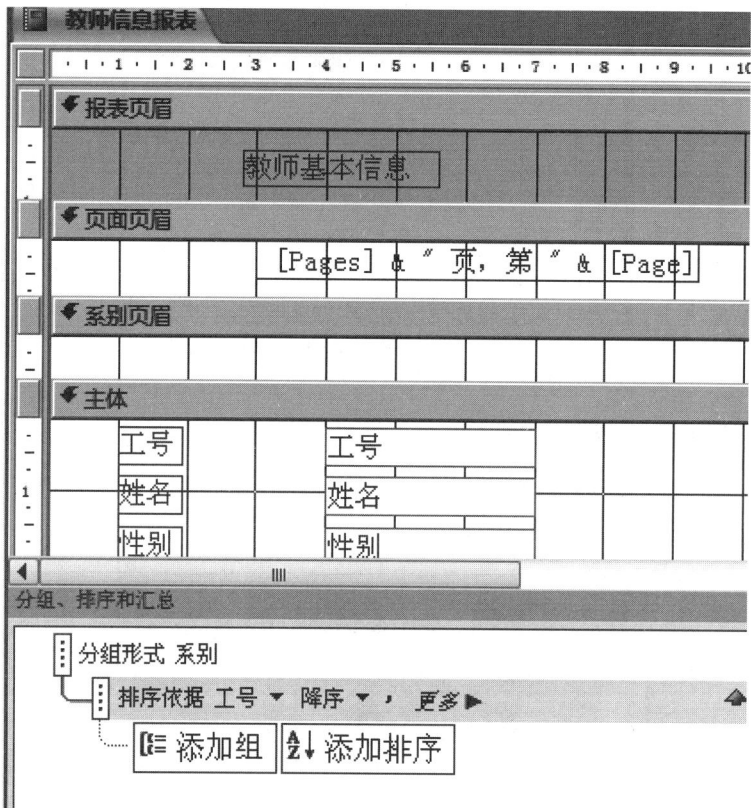

图6-30 "分组和排序"对话框

💻单击"保存"按钮。

第3步：打印"教师信息报表"。

💻在"工资管理系统"数据库中打开要打印的"教师信息报表"。

💻单击"视图"命令下的"打印预览"按钮，查看报表中的数据。

单击"打印"组中的"打印"命令，或使用快捷键 Ctrl + P，打开"打印"对话框，如图 6 – 31 所示。

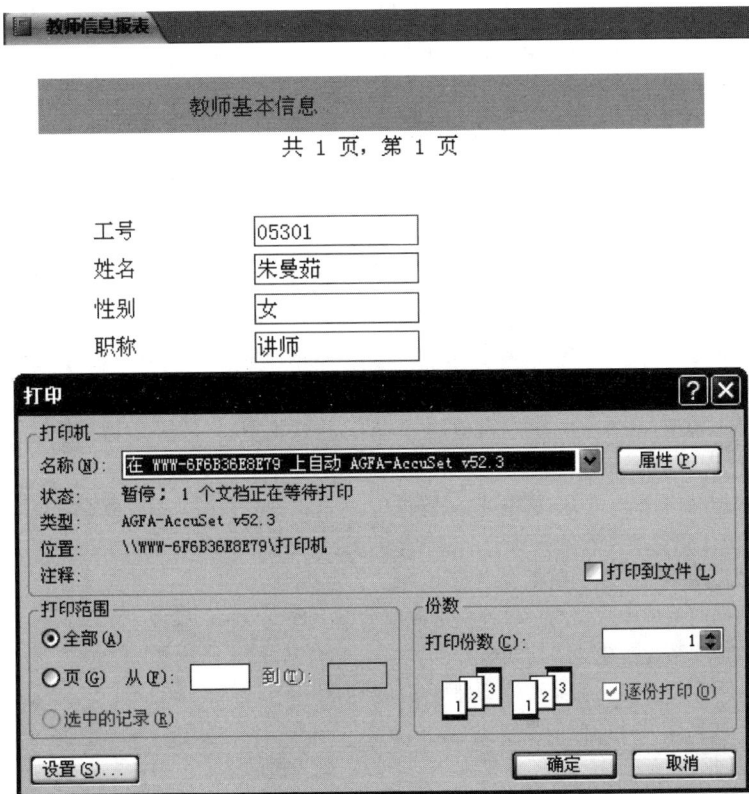

图 6 – 31　"打印"对话框

在打印对话框中进行设置，包括使用打印机的名称和属性设置。

在打印范围和打印份数框中，指定打印要求。

单击"确定"按钮，对报表进行打印。

## 综合练习 6

**一、单项选择题**

1. 在数据库的发展阶段中，第二代数据库是指_____。

 A. 关系数据库系统　　　　　　B. 层次数据库系统

 C. 面向对象　　　　　　　　　D. 网状数据库系统

2. 数据库系统的简称是_____。
   A. DB　　　　　　B. DBMS　　　　　C. DBA　　　　　D. DBS

3. 数据库系统的"数据共享"是指_____。
   A. 多个用户共享一个数据文件中的数据
   B. 多个用户使用同一种语言共享数据
   C. 多个应用、多种语言、多个用户共享数据
   D. 同一个应用中的多个程序共享数据

4. 实体描述"学生（学号，姓名，性别，入学时间）"是一个_____。
   A. 实体　　　　　B. 属性　　　　　C. 实体型　　　　D. 实体集

5. 从关系中找出满足给定条件的元组的操作称为_____。
   A. 选择　　　　　B. 投影　　　　　C. 连接　　　　　D. 自然连接

6. 数据库系统的核心是_____。
   A. 数据库　　　　B. 数据仓库　　　C. 数据模型　　　D. 数据库管理系统

7. 用树型结构来表示实体之间联系的模型是_____。
   A. 关系模型　　　B. 网状模型　　　C. 层次模型　　　D. 数据模型

8. _____是数据库管理系统和文件系统的根本区别。
   A. 数据结构化　　B. 数据共享性高　C. 数据独立性高　D. 数据有规律

9. 下列关于数据库系统的叙述中正确的是_____。
   A. 数据库系统减少了数据冗余
   B. 数据库系统中数据的一致性是指数据类型一致
   C. 数据库系统避免了一切冗余
   D. 数据库系统比文件系统能管理更多的数据

10. 用于数据库设计的模型是_____。
    A. 数据模型　　　B. 关系模型　　　C. 概念模型　　　D. 层次模型

11. 关系运算中的投影运算是_____。
    A. 从关系中找出满足给定条件的元组的操作
    B. 从关系中选择若干个属性组成新的关系的操作
    C. 从关系中选择满足给定条件的属性的操作
    D. A 和 B 都对

12. 下列_____不属于常用的数据模型。
    A. 网状模型　　　B. 关系模型　　　C. 概念模型　　　D. 层次模型

13. 下列叙述中错误的是_____。
    A. 在数据库系统中，数据的物理结构必须与逻辑结构一致
    B. 数据库技术的根本目标是要解决数据的共享问题
    C. 数据库系统需要操作系统的支持
    D. 数据库设计是指在已有数据库管理系统的基础上建立数据库

14. 关系数据库管理系统所管理的关系是_____。

    A. 若干个二维表             B. 一个 ACCDB 文件

    C. 一个表文件                D. 若干个 ACCDB 文件

15. 在关系的基本运算中，下列属于专门关系运算的是_____。

    A. 选择、排序、筛选        B. 选择、投影、连接

    C. 并、差、交                 D. 连接、查找

16. 在表中选择不同的记录形成新表，属于关系运算中的_____。

    A. 选择        B. 连接        C. 投影        D. 复制

17. 一个关系就是一张二维表，其水平方向的行称为_____。

    A. 域        B. 元组        C. 属性        D. 分量

18. 一个域是指_____。

    A. 一个表的取值范围        B. 元组的取值范围

    C. 记录的取值范围          D. 属性值的取值范围

19. DBMS 的主要功能不包括_____。

    A. 数据定义               B. 数据操纵

    C. 网络连接               D. 数据库的建立和维护

20. _____是位于用户与操作系统之间的一层数据管理软件。

    A. 数据库系统            B. 数据库

    C. 数据库应用系统        D. 数据库管理系统

21. Access 数据库的结构层次是_____。

    A. 数据库管理系统→应用程序→表    B. 数据库→数据表→记录→字段

    C. 数据表→记录→数据项→数据    D. 数据表→记录→字段

22. Access 数据库中，表的组成是_____。

    A. 字段和记录    B. 查询和字段    C. 记录和窗体    D. 报表和字段

23. 如果在创建表中建立字段"性别"并要求用汉字表示，其数据类型应当是_____。

    A. 是/否        B. 数字        C. 文本        D. 备注

24. Access 中的"表"指的是关系模型中的_____。

    A. 关系        B. 元组        C. 属性        D. 域

25. 假设某用户想把歌手的音乐存入 Access 数据库，那么他该采用的数据类型是_____。

    A. 查询向导    B. 自动编号    C. OLE 对象    D. 备注

26. 在关系窗口中，双击两个表之间的连接线，会出现_____。

    A. 数据表分析向导        B. 数据关系图窗口

    C. 连接线粗细变化        D. 编辑关系对话框

27. 在设计表时，若输入掩码属性设置为"LLLL"，则能够接收的输入_____。

    A. abcd        B. 1234        C. AB + C        D. Aba9

28. 在数据表中筛选记录，操作的结果是_____。

    A. 将满足筛选条件的记录存入一个新表中

B. 将满足筛选条件的记录追加到一个新表中

C. 将满足筛选条件的记录显示在屏幕上

D. 用满足筛选条件的记录修改另一个表中已存在的记录

29. 在 Access 的数据表中删除一条记录，被删除的记录_____。

    A. 可以恢复到原来位置        B. 被恢复为最后一条记录

    C. 被恢复为第一条记录        D. 不能恢复

30. 下列关于 OLE 对象的叙述中，正确的是_____。

    A. 用于输入文本数据

    B. 用于处理超级链接数据

    C. 用于生成自动编号数据

    D. 用于链接或内嵌 Windows 支持的对象

31. 不属于 Access 提供的数据筛选方式是_____。

    A. 高级筛选        B. 按内容排除筛选

    C. 按数据表视图筛选        D. 按选定内容筛选

32. 下列关于表的格式说法，错误的是_____。

    A. 在 Access 数据表中，只可以冻结列，不能冻结行

    B. 用户可以同时改变一列或同时改变多列字段的位置

    C. 字段在数据表中默认的显示顺序是由用户输入的先后顺序决定的

    D. 在数据表中，可以为某个或多个指定字段中的数据设置字体格式

33. 某数据库的表中要添加 Interet 站点的网址，则应采用的字段类型是_____。

    A. OLE    B. 超链接    C. 查阅向导    D. 自动编号

34. 下列对 Access 2010 数据表的描述错误的是_____。

    A. 数据表是数据库的重要对象之一

    B. 表的设计视图主要用于设计表的结构

    C. 表的数据表视图只能用于显示数据

    D. 可将其他数据库中的表导入当前库中

35. 数据表的"行"也叫做_____。

    A. 数据    B. 记录    C. 数据视图    D. 字段

36. 表中的某字段包含了唯一值，并能区分不同的记录，则可将该字段指定为_____。

    A. 索引    B. 排序    C. 自动编号    D. 主键

37. Access 表中，可以定义 3 种主关键字，它们是_____。

    A. 单字段、双字段和多字段    B. 单字段、双字段和自动编号

    C. 单字段、多字段和自动编号    D. 双字段、多字段和自动编号

38. 在定义表中字段属性时，对要求输入相对固定格式的数据，例如电话号码 010 - 65781234，应该定义该字段的_____。

    A. 格式    B. 输入掩码    C. 默认值    D. 有效性规则

39. 在数据表视图中，不能进行的操作是_____。

A. 删除一条记录　B. 修改字段类型　C. 删除一个字段　D. 修改字段名称

40. Access 2010 数据库属于_____数据库。

　　A. 树状　　　　　　B. 网状　　　　　　C. 层次型　　　　　D. 关系型

41. Access 2010 中，在数据表中删除一条记录，被删除的记录_____。

　　A. 可以恢复到原来位置　　　　　　　B. 能恢复，但将被恢复为最后一条记录

　　C. 能恢复，但将被恢复为第一条记录　D. 不能恢复

42. 下列能使用"输入掩码向导"创建输入掩码的数据类型是_____。

　　A. 数字和文本　　　　　　　　　　　B. 文本和货币

　　C. 文本和日期/时间　　　　　　　　　D. 数字和日期/时间

43. 将表 A 中的记录添加到表 B 中，要求保持表 B 中原有的记录，可以使用的查询是_____。

　　A. 追加查询　　　B. 联合查询　　　C. 生成表查询　　　D. 传递查询

44. 将成绩在 90 分以上的记录找出后放在一个新表中，比较合适的查询是_____。

　　A. 删除查询　　　B. 生成表查询　　C. 追加查询　　　　D. 更新查询

45. 要将"选课成绩"表中学生的成绩取整，可以使用_____。

　　A. Abs（［成绩]）　　　　　　　　　B. Int（［成绩]）

　　C. Srq（［成绩]）　　　　　　　　　D. Sgn（［成绩]）

46. 在查询设计视图中_____。

　　A. 可以添加数据库表，也可以添加查询

　　B. 只能添加数据库表

　　C. 只能添加查询

　　D. 以上两者都不能添加

47. 关于准则 Like"［! 北京, 上海, 广州]"，以上满足的是_____。

　　A. 北京　　　　　B. 上海　　　　　C. 广州　　　　　D. 杭州

48. 在显示查询结果时，如果要将数据表中的"籍贯"字段名显示为"出生地"，可在查询设计视图中改动_____。

　　A. 排序　　　　　B. 字段　　　　　C. 条件　　　　　D. 显示

49. 在 Access 数据库中使用向导创建查询，其数据可以来自_____。

　　A. 多个表　　　　　　　　　　　　　B. 一个表

　　C. 一个表的一部分　　　　　　　　　D. 表或查询

50. 在书写查询准则时，日期型数据应该使用适当的分隔符括起来，正确的分隔符是_____。

　　A. *　　　　　　B. %　　　　　　C. &　　　　　　D. #

51. 用表达式作为数据源，并且表达式可以利用窗体或报表所引用的表或查询字段中的数据，也可以是窗体或报表上的其他控件中的数据的控件是_____。

　　A. 结合型　　　B. 非结合型　　　C. 计算型　　　　D. 非计算型

52. 下面不是窗体"数据"属性的是_____。

A. 排序依据　　　　B. 允许添加　　　　C. 记录源　　　　D. 自动居中

53. 窗口事件是指操作窗口时所引发的事件，下列不属于窗口事件的是_____。

A. "打开"　　　　B. "确定"　　　　C. "关闭"　　　　D. "加载"

54. 下列关于控件的说法中，正确的是_____。

A. 控件是窗体上用于输入数据、修改数据、执行数据的对象

B. 计算型控件用表达式作为数据源，表达式可以利用窗体或报表所引用的表或查询字段中的数据，但不可以是窗体或报表上的其他控件中的数据

C. 虽然组合框的列表由多行数据组成，但平时只能显示一行，而且不能输入新值，所以它的应用比列表框要窄

D. 窗体中的列表框可以包含一列或几列数据，用户只能从列表中选择值，而不能输入新值

55. 在窗体的每一页最下方显示日期，需要设置的是_____。

A. 窗体页眉页脚　　　　　　　　　B. 窗体页脚页脚

C. 主体　　　　　　　　　　　　　D. 页面页脚

56. 下列关于报表的叙述中，正确的是_____。

A. 报表只能输入数据　　　　　　　B. 报表只能输出数据

C. 报表可以输入和输出数据　　　　D. 报表不能输入和输出数据

57. 要求按学生学号统计出每名学生的借阅次数，下列 SQL 语句中，正确的是_____。

A. SELECT 学号，COUNT（学号）FROM 借阅

B. SELECT 学号，COUNT（学号）FROM 借阅 GROUP BY 学号

C. SELECT 学号，SUM（学号）FROM 借阅

D. SELECT 学号，SUM（学号）FROM 借阅 GROUP BY 学号

58. 在 Access 2010 中，表在设计视图和数据表视图中转换，使用_____选项卡。

A. 文件　　　　B. 开始　　　　C. 数据库工具　　　　D. 创建

59. 在 Access 2010 中，建立查询时可以设置筛选条件，应在_____栏中输入筛选条件。

A. 总计　　　　B. 条件　　　　C. 排序　　　　D. 字段

60. 在 Access 2010 中，查询可以作为_____的数据来源。

A. 窗体和报表　　　B. 窗体　　　C. 报表　　　D. 任意对象

61. 以下哪个不是窗体的组成部分_____。

A. 主体　　　　B. 窗体页眉　　　　C. 窗体页脚　　　　D. 窗体设计器

62. 在教师信息输入窗体中为职称字段提供"教授"、"副教授"、"讲师"等选项供用户直接选择，最合适的控件是_____。

A. 标签　　　　B. 复选框　　　　C. 文本框　　　　D. 组合框

63. 以下关于报表的说法中，错误的是_____。

A. 报表主要用于打印和输出数据

B. 报表必须有数据源

C. 报表可以对数据进行分组和汇总

D. 报表只有输出数据，不能添加、修改数据

64. 在报表设计过程中，不适合添加的控件是_____。

    A. 标签控件　　　　B. 图形控件　　　　C. 文本框控件　　　　D. 选项组控件

65. 在 Access 中，创建报表的方法包括_____。

    A. 使用自动报表功能创建报表　　　　　B. 使用报表向导创建报表

    C. 使用报表设计创建报表　　　　　　　D. 以上全是

66. 使用"自动创建"功能为数据表"学生"创建报表时，默认的报表名是_____。

    A. 报表 1　　　　　B. 表 1　　　　　　C. 学生 1　　　　　D. 学生

67. 在报表设计视图中，要打开报表属性，可使用的快捷键是_____。

    A. F1　　　　　　　B. F4　　　　　　　C. F12　　　　　　D. Ctrl + J

68. 在"使用向导创建报表"的过程中，下列不是报表布局方式的是_____。

    A. 递阶　　　　　　B. 块　　　　　　　C. 大纲　　　　　　D. 右对齐

69. 若要显示"第 × 页"的页码效果，在报表设计视图中的未绑定文本框中输入_____。

    A. ="第" ［Page］ "页"　　　　　　　B. = 第 & ［Pages］ & 页

    C. = ［Page］　　　　　　　　　　　　D. ="第" & ［Pages］ & "页"

70. 当在一个报表中列出学生 3 门课 a、b、c 的成绩时，若要对每位学生计算这 3 门课的平均成绩，只需设置新添计算控件的控制源为_____。

    A. "= a + b + c/3"　　　　　　　　　B. "（a + b + c)/3"

    C. "= (a + b + c)/3"　　　　　　　　D. 以上表达式均错

## 二、多项选择题

1. Access 数据库文件包含的对象有_____。

    A. 表　　　　　　　B. 查询　　　　　　C. 窗体　　　　　　D. 报表

2. 下列类型是逻辑数据模型的是_____。

    A. 层次模型　　　　B. 网状模型　　　　C. 关系模型　　　　D. 连接模型

3. 下列_____是数据库系统中四类用户之一。

    A. 数据库管理员　　　　　　　　　　　B. 数据库设计员

    C. 应用程序员　　　　　　　　　　　　D. 终端用户

4. 联系的分类有_____。

    A. 一对一联系　　　　　　　　　　　　B. 一对多联系

    C. 多对多联系　　　　　　　　　　　　D. 多对一联系

5. 下列关于关键字和索引的描述，正确的是_____。

    A. 关键字是为了区别数据的唯一性的字段

    B. 关键字就是一个索引

    C. 关键字所在字段的内容必须是唯一的

    D. 索引所在字段的内容必须是唯一的

6. 专门的关系运算包括_____。

    A. 选择运算          B. 投影运算          C. 连接运算          D. 交叉运算

7. 关于"格式"和"输入掩码"的叙述中，正确的是_____。

    A. 输入掩码可以确保数据符合定义格式，以及制定可以输入的值的类型

    B. 显示数据时，格式属性将优先

    C. 输入数据时，输入掩码属性将优先

    D. 当字段具有格式属性时，输入数据时会进行提示

8. 下列有关 Access 中表的叙述正确的是_____。

    A. 表是 Access 数据库中的对象之一

    B. 表设计的主要工作是设计表的结构

    C. Access 数据库的各表之间相互独立

    D. 可将其他数据库的表导入当前数据库中

9. 在 Access 数据库系统中，不能排序的数据类型是_____。

    A. 文本              B. 备注          C. 超链接          D. OLE 对象

10. 窗体可以基于_____。

    A. 单个表         B. 多个表         C. 报表          D. 查询

11. 表示国籍不等于"中国"，正确的是_____。

    A. 国籍 Not Like "中国"              B. Not(国籍 = "中国")

    C. 国籍 <> "中国"                   D. Not(国籍 like "中国")

12. 在 Access 中，将接纳的信息作为"字符"对待的数据类型有_____。

    A. 备注              B. 文本          C. 自动编号          D. 查阅向导

13. 打开一个 Access 数据库文件的途径有_____。

    A. 点击指向数据库文件的"超链接"

    B. 直接双击"我的电脑"窗口中的数据库文件图标

    C. 双击 Windows 桌面上的数据库文件图标（如果有的话）

    D. 利用 Access 的"文件→打开"功能

14. 在下列叙述中，错误的是_____。

    A. 在 Access 中，可把一个表保存于一个单独的文件中

    B. 一个宏最少得包含有一种操作

    C. 报表与窗体的作用可相互代替

    D. 查询的数据源只能是表

15. 下列关于查询的叙述中，正确的是_____。

    A. 查询的运行可能会影响到其数据源的数据

    B. 查询可被分成选择查询、参数查询和操作查询三种

    C. 只能在设计视图中来创建查询

    D. 查询是重新组织数据的一种方法

三、判断题（正确的为 T，错误的为 F）

1. 数据库管理系统是数据库系统的核心。　　　　　　　　　　　　　　（　　）

2. 用树形结构来表示实体之间联系的模型是关系模型。　　　　　　　　（　　）

3. 专门的关系运算包括选择、投影和连接。　　　　　　　　　　　　　（　　）

4. Access 2010 提供了许多便捷的可视图化操作工具和向导。　　　　　（　　）

5. 模块对象有两个基本类型：类模块和标准模块。　　　　　　　　　　（　　）

6. 宏对象是一个或多个宏操作的集合，其中的每一个宏操作都能实现特定的功能。

　　　　　　　　　　　　　　　　　　　　　　　　　　　　　　　　（　　）

7. 在任何时刻，Access 2010 只能打开唯一的一个数据库，若要打开另外一个数据库，必须关闭目前已经打开的数据库。　　　　　　　　　　　　　　　　　　（　　）

8. Access 2010 中字段的数据类型有 10 种。　　　　　　　　　　　　（　　）

9. Access 是一个关系型数据库管理系统，它通过各种数据库对象管理信息。（　　）

10. 在表中文本型字段最多可存储 256 个字符。　　　　　　　　　　　（　　）

11. 可以在报表设计器中创建表。　　　　　　　　　　　　　　　　　　（　　）

12. 字段属性中的"格式"属性是用来定义数据的输入格式的。　　　　　（　　）

13. 字段名可以以字母、下划线和汉字开始，但不能以数字开始。　　　　（　　）

14. 两个表之间的关系分为一对一、一对多和多对多三种类型。　　　　　（　　）

15. 向表中输入数据时，按 Enter 键可以将插入点移到下一个字段。　　（　　）

16. 多对多关系实际上是使用第三个表的两个一对多关系。　　　　　　　（　　）

17. 在 Access 中查询只有三种：选择查询、交叉查询和操作查询。　　　（　　）

18. 查询是数据库设计目的的体现，数据库建完以后，只有被使用者查询，才能真正体现它的价值。　　　　　　　　　　　　　　　　　　　　　　　　　　　　（　　）

19. 在查询的 SQL 视图中，可以查看和改变 SQL 语句，从而改变查询。（　　）

20. 窗体上控件可以根据是否与字段连接分为绑定控件和非绑定控件。　（　　）

21. 在窗体中可以同时选择两个或更多的字段进行排序。　　　　　　　（　　）

22. 报表的主要用途是输入数据，并按照指定的格式来打印输出数据。　（　　）

23. 报表的版面预览视图用于查看报表的版面设置，其中包括报表中的所有数据。

　　　　　　　　　　　　　　　　　　　　　　　　　　　　　　　　（　　）

24. Access 2010 只能打印窗体和报表中的所有数据。　　　　　　　　（　　）

25. 在报表中，用户可以根据需要按指定的字段对记录进行排序。　　　（　　）

26. 数据库中的对象都可以从数据库窗口中打开、设计、新建或运行。　（　　）

27. 表是数据库的基础，Access 不允许一个数据库包含多个表。　　　　（　　）

28. 使用 Access 提供的设计器，不但可以创建一个表，而且能够修改表的结构。（　　）

四、填空题

1. 数据库管理技术的人工管理阶段的特征是_____。

2. 数据库发展阶段的划分以_____进展作为主要的依据和标志。

3. Access 属于_____型的数据库管理系统。

4. 实体名与其属性名的集合表示一种实体的类型，称为_____。

5. 层次模型结构简单，易于理解，适于描述_____的关系。

6. Access 2010 是_____的组件之一。

7. 表是数据库中最基本的操作对象，也是整个数据库系统的_____。

8. 在关系模型中，_____就是一张二维表。

9. 改变数据表字号、行高、列宽等格式，要在表的_____视图中才能进行。

10. 报表不能对数据源中的数据_____。

11. 在 Access 数据库系统中，定义表字段就是确定表的结构，即确定表中字段的_____、_____、属性和说明等。

12. 数据操纵语言的英文缩写是_____。

13. 在 Access 中，_____是数据库与用户进行交互操作的最好界面。

14. 在 Access 中，如对大批量的数据进行修改，为了提高效率，最好使用_____查询。

15. Access 中的窗体最多可由窗体页_____，_____，_____和窗体页脚等五个部分组成。

16. 在 Access 中创建带有子窗体的窗体时，必须确定作为主窗体和子窗体的数据源之间存在着_____的关系。

17. 只有表结构定义完后，才可以向表中_____。

18. 在 Access 中，当字段类型设置为备注类型时，最多可以输入_____个字符。

19. 在数据表中，只有定义了_____，才能定义该表与数据库中的其他表间的关系。

20. _____视图一般用于维护表中的数据。

21. 在字段属性中，_____能够检查错误的输入或不符合逻辑的输入。

22. 选中表之间的关系连线，按_____键可删除关系。

23. 一个关系就是一张二维表，二维表中垂直方向的列称为_____。

24. 查询结果可以作为其他数据库对象的_____。

25. 在 Access 中，用于显示和编辑表对象的字段名称、数据类型和字段属性的窗口称为_____。

26. 查询也是一个表，是以_____为数据来源的再生表。

27. 窗体的每个部分都称为窗体的_____。

28. 使用窗体设计器，一是可以创建窗体，二是可以_____。

29. 设置窗体属性的操作是在窗体的_____设计窗口进行的。

30. 使用数据库或维护数据库时，必须要把数据库_____。

**五、操作题**

1. 创建数据库 "samp1. accdb"，将其保存在 D 盘 Access 2010 文件夹中，在 "samp1. accdb" 数据库中建立一个新表，名为 "tNurse"，表结构如表 6 - 3 所示。

表 6－3

| 字段名称 | 数据类型 | 字段大小 |
|---|---|---|
| 护士 ID | 文本 | 8 |
| 护士名称 | 文本 | 6 |
| 年龄 | 数字 | 整型 |
| 工作日期 | 日期/时间 | |

2. 判断并设置表"tNurse"的主键。

3. 将下表所列数据输入"tNurse"表中，且显示格式应与表 6－4 相同。

表 6－4

| 护士 ID | 护士名称 | 年龄 | 工作日期 |
|---|---|---|---|
| 001 | 李霞 | 30 | 2000 年 10 月 1 日 |
| 002 | 王义民 | 24 | 1998 年 8 月 1 日 |
| 003 | 周敏 | 26 | 2003 年 6 月 1 日 |

4. 创建查询"工龄"，显示每名护士的姓名和工龄。

5. 使用窗体工具为表"tNurse"创建一个单层窗体，窗体保存为"护士信息"。

6. 将窗体"护士信息"转换为报表"护士"。

# 第7章 计算机网络基础

【本章学习目标】

熟练掌握计算机网络基本原理和基本操作；

掌握小型办公室（家庭）网络的组建连接；

熟练使用本地连接属性设置，在 Windows 中设置共享资源；

能运用常用的网络诊断命令检测一般的网络故障；

掌握浏览器的使用；

熟练使用电子邮箱收发电子邮件。

## 项目7.1 网络组建连接

【项目要求】

某高校学生，正在公司实习，公司新购买了两台计算机（一台服务器、一台客户机）和一台打印机，用交换机进行互联，打印机和服务器相连，客户机连接交换机的端口，将客户机放在人事部门，其他设备放在网控中心。如图 7－1 所示。最终要实现两台计算机之间的资源互访和网络打印功能，请设计解决方案。

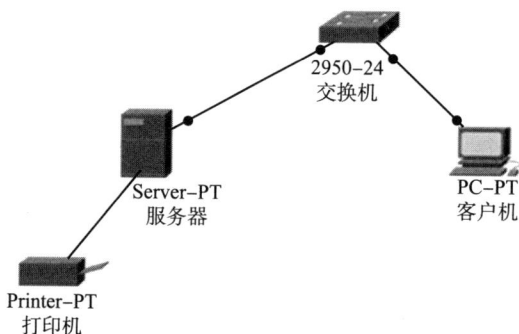

图 7－1 网络拓扑图

【项目目的】

掌握小型办公室（家庭）网络组建的硬件连接。

【项目步骤】

第 1 步：准备好硬件设备：两台 PC，一台打印机，一台交换机，两根直通网线。

第 2 步：用直通网线连接计算机和交换机，连接打印机和服务器，如图 7 - 1 所示。

## 项目 7.2　配置 TCP/IP 地址并测试

【项目要求】

1. 设置 TCP/IP 属性。

2. 使用网络诊断命令 ping 测试。

3. 查看本地连接状态、启用和禁用本地连接。

【项目目的】

掌握如何配置网络 TCP/IP 地址，并掌握测试方法。

【项目步骤】

1. 客户机端配置 TCP/IP 参数

第 1 步：在 Windows 7 系统中，在电脑右下角用鼠标左键点击"网络"图标，左击"打开网络和共享中心"。如图 7 - 2 所示。

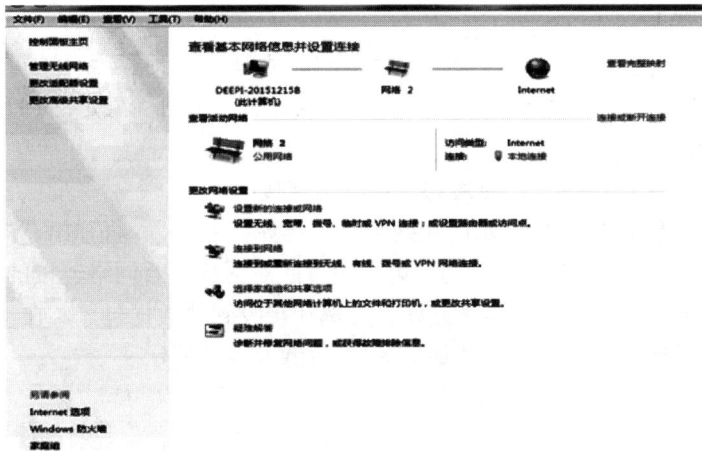

图 7 - 2　"网络和共享中心"窗口

第2步：单击左侧窗格中的"更改适配器配置"，右击"本地连接"图标，如图7-3所示。

图7-3 "网络连接"窗口

先选择弹出菜单的"属性"命令，然后选择"Internet 协议版本 4 （TCP/IPv4）"，如图7-4所示。

第3步：选择"属性"按钮。在弹出的对话框中依次输入："IP 地址，子网掩码，默认网关，首选 DNS 服务器"，设置完成后，单击"确定"保存即可。如图7-5所示。

2. 查看本地连接状态、启用和禁用本地连接

第1步：在图7-3中所示的快捷菜单中选择"状态"，将弹出"本地连接状态"对话框，如图7-6所示。用户可以通过此对话框查看网络连接的基本状态，如是否连接上、连接时间、连接速度、发送和接收到的数据包等。在"支持"选项卡中可以看到有关本机地址的基本信息，如图7-7所示。

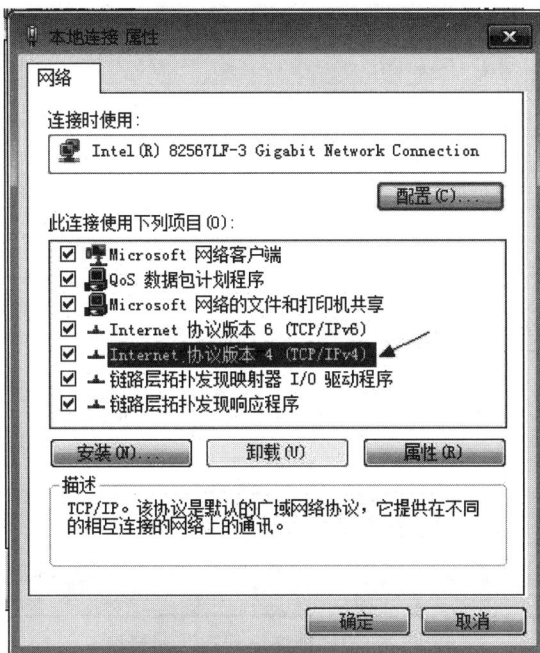

图 7-4　"本地连接属性"窗口

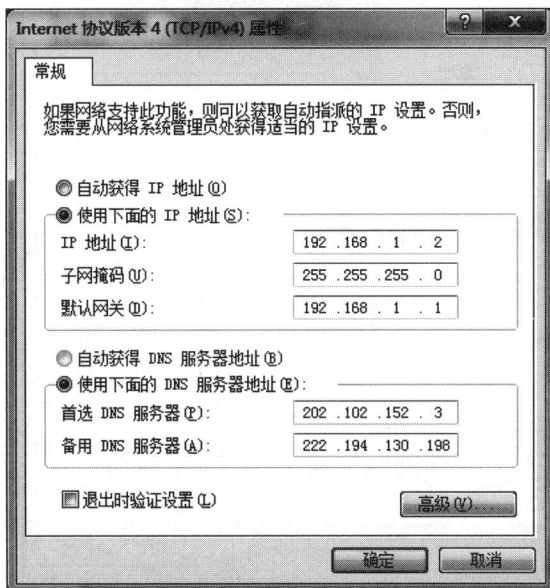

图 7-5　Internet 协议版本 4（TCP/IPv4）属性

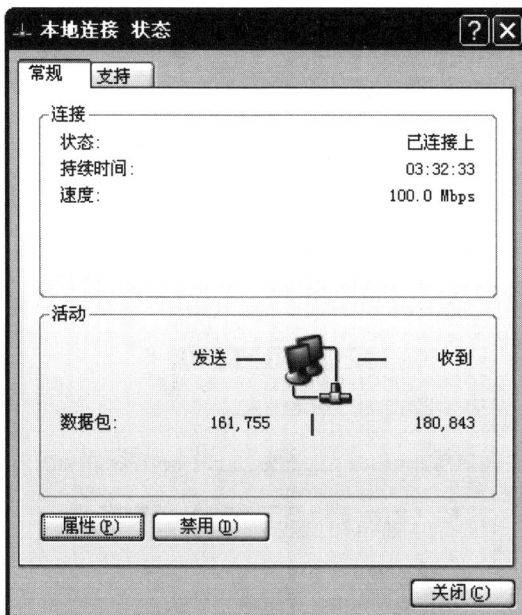

图7-6 "本地连接状态"对话框

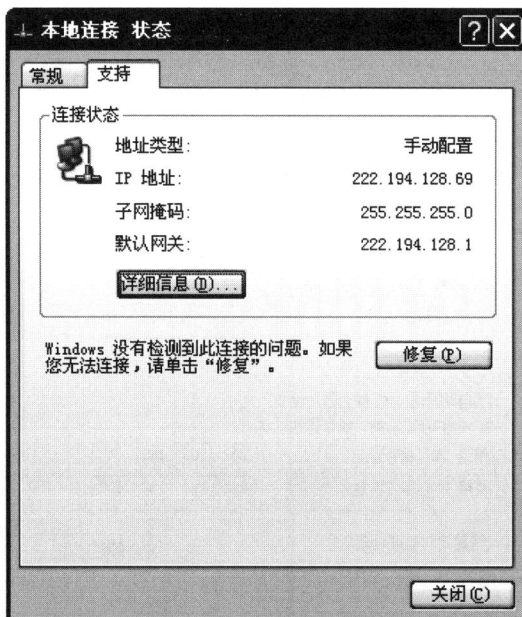

图7-7 "支持"选项卡

如果信息没问题却无法正常上网，可以单击"修复"按钮，来修复本地连接，如图7-8所示。

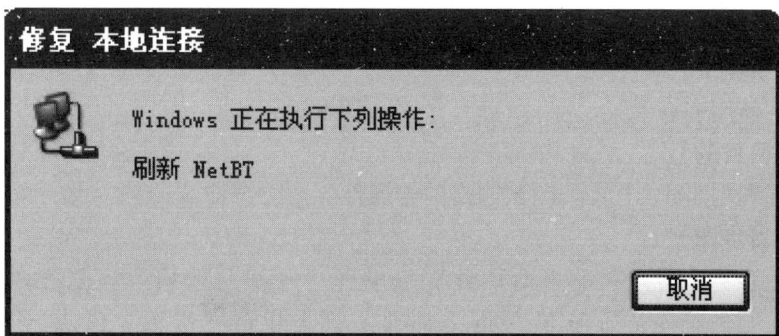

图7-8　"修复本地连接"对话框

第2步：启用和禁用本地连接。

对于正在工作的本地连接可以禁用。在图7-3中所示的快捷菜单中选择"停用"选项，或在图7-6所示的"本地连接状态"对话框中单击"禁用"按钮，本地连接的图标将变为灰色，此时就不能通过本机访问网络资源。要启用本地连接，在如图7-9所示的快捷菜单中选择"启用"即可。

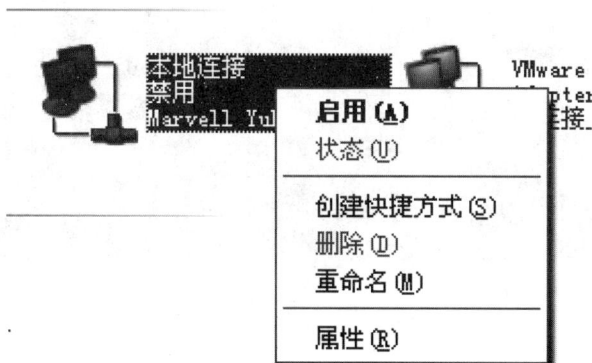

图7-9　"本地连接"快捷菜单

【技巧与提高】单击任务栏上右侧本地连接图标，可快速打开"本地连接状态"对话框,进行相关网络配置。

# 项目7.3 测试网络连通性

【项目要求】

熟练使用 ping 命令。

【项目目的】

掌握利用 TCP/IP 工具测试网络的连通性。

【项目步骤】

第1步:在客户机的桌面任务栏中单击"开始"按钮,选择"运行"命令,在运行的输入框中输入"cmd"命令,然后单击"确定"按钮,如图7 – 10 所示。

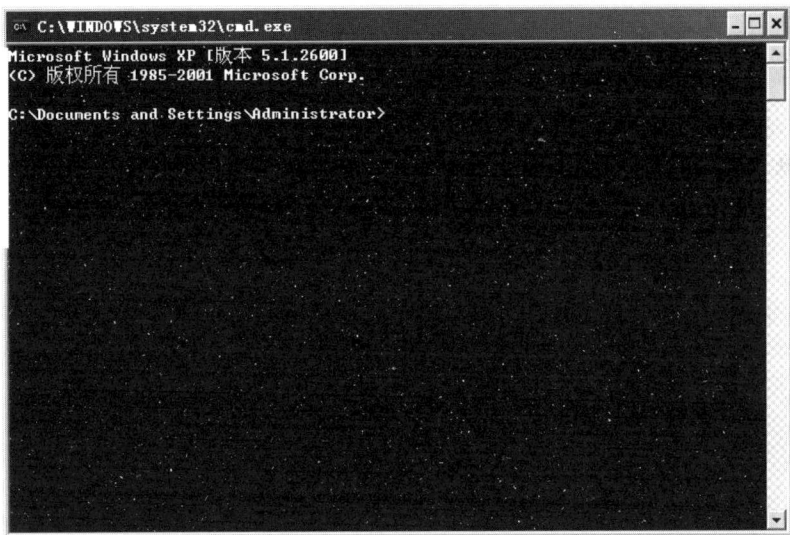

图 7 – 10 "运行"对话框

第2步:在出现的 DOS 窗口中,输入"ping 192. 168. 10. 10"命令(IP 地址 192. 168. 10. 10 根据实际情况更改),若出现图 7 – 11 所示的界面,则网络是连通的。

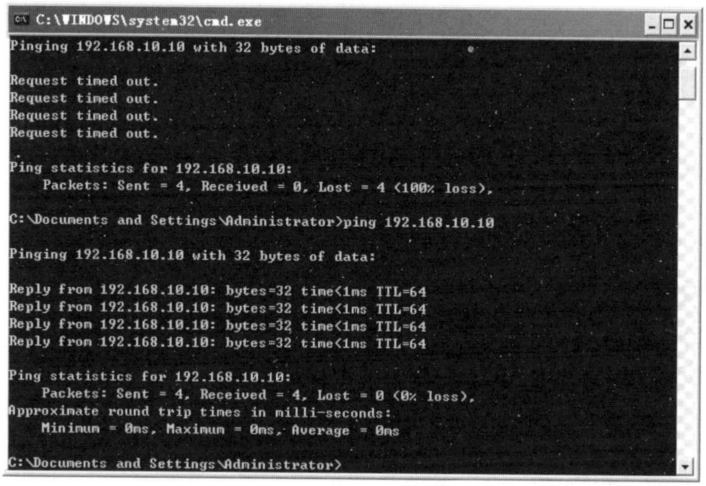

图 7 - 11　PC 上测试网络连通性

第 3 步：如果出现图 7 - 12 所示的界面，则说明网络是不连通的。

【技巧与提高】使用 ipconfig 命令可以得到：IP 地址、子网掩码、默认网关。而使用 ipconfig/all，则可以得到更多的信息：主机名、DNS 服务器、节点类型、网络适配器的物理地址、主机的 IP 地址（IP Address）、子网掩码（Subnet Mask）以及默认网关（Default Gateway）等。

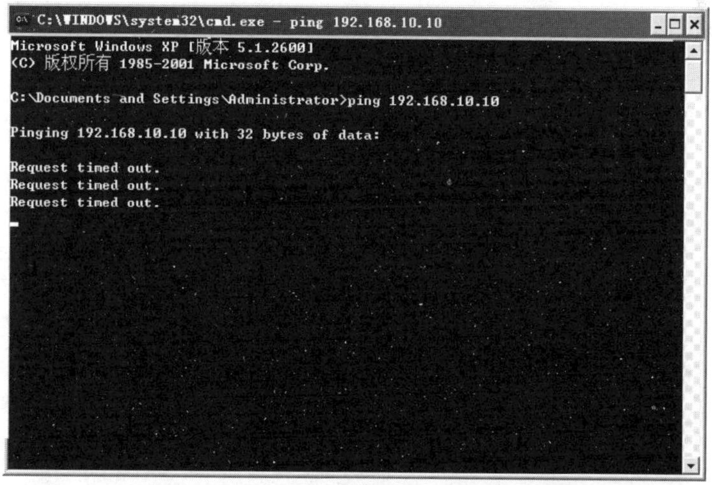

图 7 - 12　网络不连通

# 项目7.4 设置计算机和工作组标识

**【项目要求】**

1. 设置与修改计算机名称。

2. 设置与修改工作组名称。

**【项目目的】**

学会设置计算机名和工作组。

**【项目步骤】**

第1步：在客户机桌面"计算机"图标上右击，选择"属性"命令，在打开的设置窗口中，单击左边的"高级系统设置"，如图7-13所示。

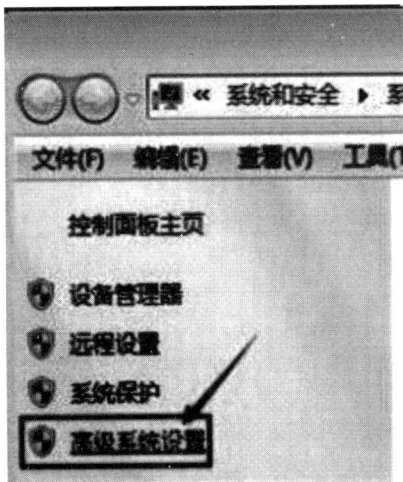

图7-13 高级系统设置

第2步：在弹出"系统属性"对话框中选择"计算机名"选项卡，然后单击"更改"按钮，打开"计算机名/域更改"对话框，如图7-14、图7-15所示，输入计算机和工作组的名字。

注意：重启计算机后设置生效。

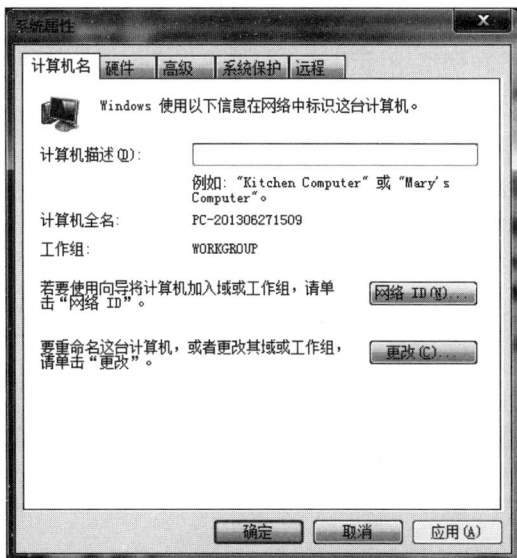

图 7-14　系统属性图

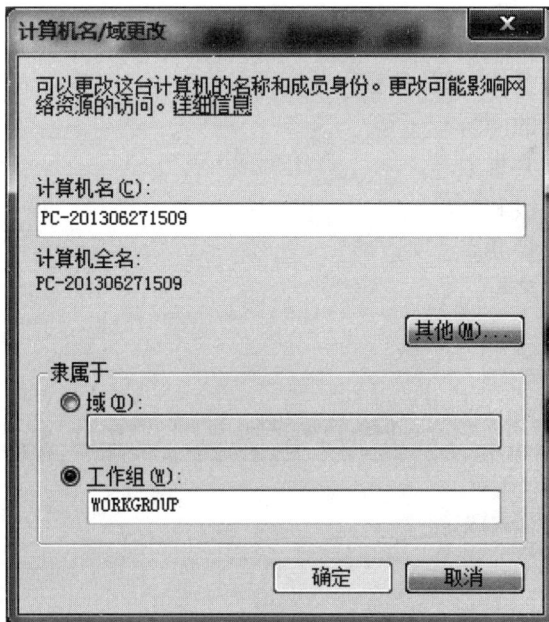

图 7-15　计算机名/域更改

**【技巧与提高】**

计算机名：用于在网络中标识计算机。

工作组：为了便于网络管理而划分的用户组。

我们可以把"组"看作是一个班级，用户便是班级里的学生。当我们要给一批用户分配同一个权限时，就可以将这些用户都归到一个组中，只要给这个组分配此权限，组内的用户就都会拥有此权限。

# 项目7.5　设置文件共享

**【项目要求】**

在网络中 A（服务器 Server）、B（客户机 PC）两台计算机上分别设置共享文件，并且分别测试验证能否访问对方的共享文件。

**【项目目的】**

实现 A、B 两机器的资料共享。

**【项目步骤】**

1. 设置文件共享。

（1）设置 A 机端文件共享。

第 1 步：取消 Win7 默认的密码共享保护，

💻单击桌面上的网络；

💻单击网络和共享中心；

💻单击更改高级共享设置；

💻关闭密码保护共享。

如图 7 – 16 所示。

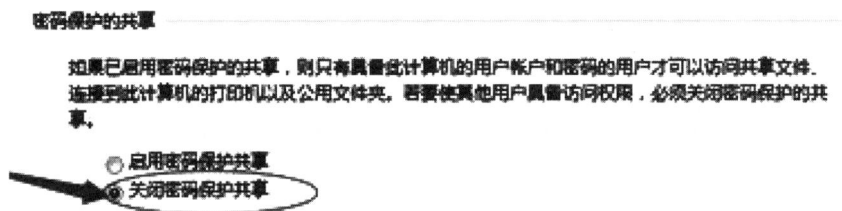

**图 7 – 16　高级共享设置"密码保护的共享"**

第 2 步：右击需设置为共享的文件夹，选择"共享和安全"命令，然后会在

右边弹出一个级联菜单，有四个选项，在这里只选择特定用户。如图 7 - 17
所示。

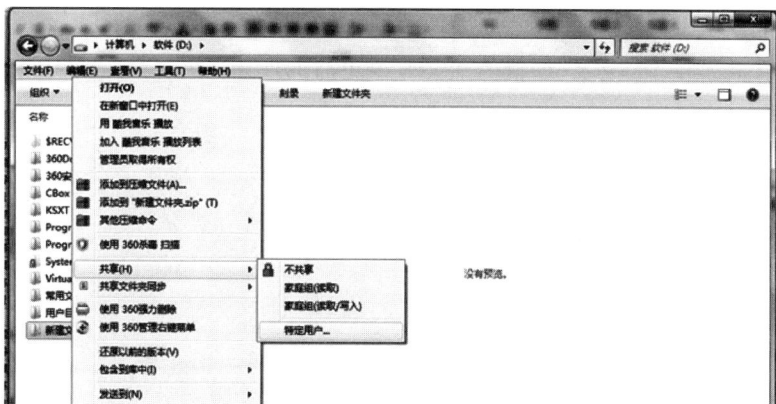

图 7 - 17　选择"共享和安全"命令

第 3 步：输入 Everyone，单击"添加"，选择名称下的 Everyone，单击"共
享"按钮，如图 7 - 18 所示。

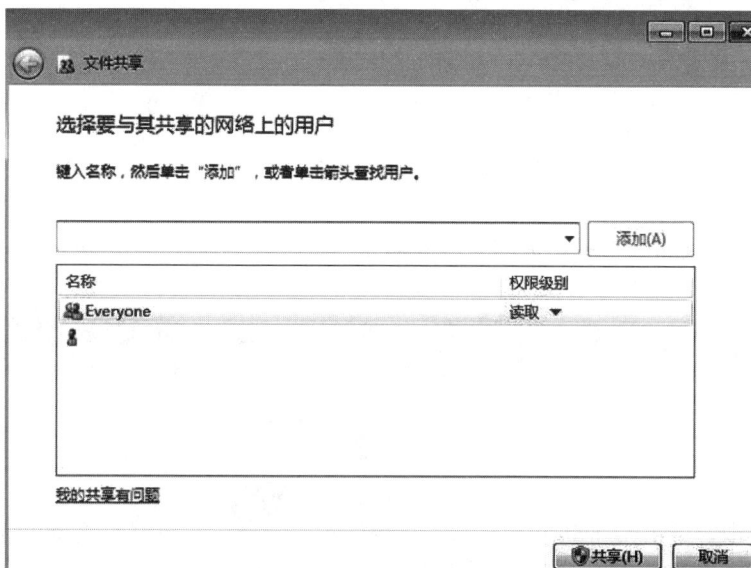

图 7 - 18　"文件共享"窗口

第4步：打开电脑 B 桌面上的网络，选择电脑 A 计算机名，双击共享的文件夹即可访问文件夹里的内容。

2. 设置 B 机文件共享：方法参照 A 机文件共享设置。

## 项目 7.6　IE 浏览器的使用

【项目要求】

1. 使用浏览器常用工具按钮。

2. 使用收藏夹和历史记录收藏查看网址。

【项目目的】

熟悉 IE 浏览器的工具栏。

【项目步骤】

1. IE 浏览器的使用。

在桌面上双击 Internet Explorer 图标，打开 Internet Explore 浏览器。在 IE 浏览器"地址"栏中输入 www 服务器的地址（如：http：//www. baidu. com、http：//www. sina. com. cn 等网站），如图 7－19 所示。

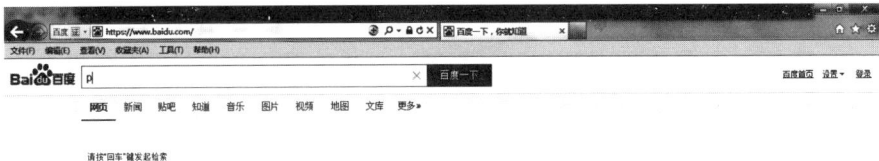

图 7－19　IE9.0 工作窗口

2. IE 浏览器的工具栏如图 7－20 所示。

图 7－20　IE 浏览器的工具栏

第1步：单击"前进"和"后退"按钮，不同网页之间切换，浏览感兴趣的或需要的网页。

第 2 步：主页按钮、收藏夹按钮、设置按钮 ⌂ ★ ⚙ 。

第 3 步：单击"收藏夹"按钮，打开图 7 – 21 "收藏夹"对话框。通过"添加到收藏夹"按钮把自己感兴趣的网页的地址添加到"收藏夹"中，建立自己的网址库。

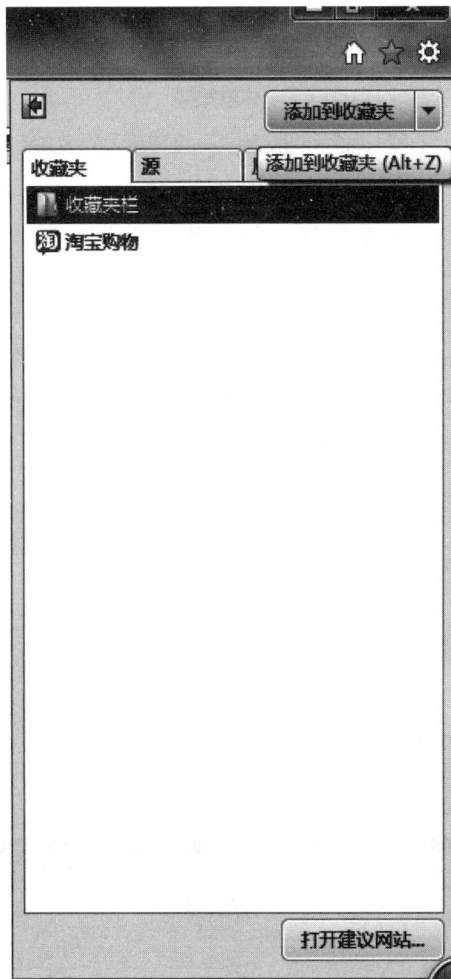

图 7 – 21 "收藏夹"对话框

第 4 步：单击上图 7 – 21 中右侧的"历史记录"按钮，可查看近期浏览过的网页地址，如图 7 – 22 所示。

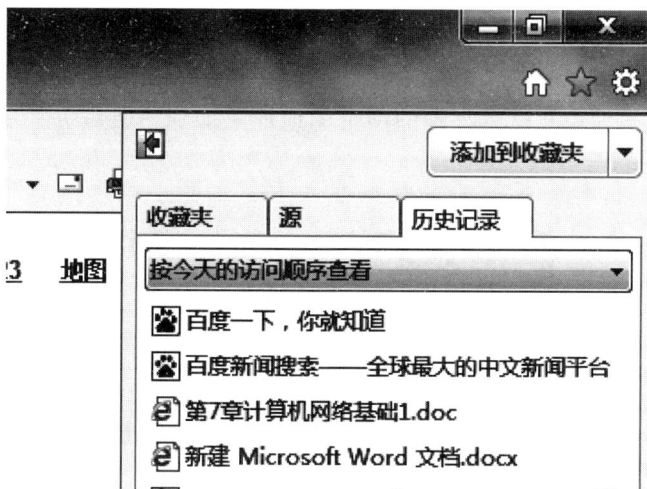

图 7 – 22 "历史记录"对话框

## 项目 7.7 搜索引擎的使用

【项目要求】

1. 用百度、搜狗、谷歌、雅虎等搜索引擎在 www 上搜索信息。

2. 掌握一定的搜索技巧。

【项目目的】

了解搜索各大引擎。

【项目步骤】

1. 用百度在 www 上搜索信息。

💻输入网址 http：//www. baidu. com 进入百度窗口，如图 7 – 23 所示。

图 7 – 23　百度网页窗口

💻在搜索框中键入一个或多个搜索字词（最能描述您要查找的信息的字词或词组），然后按下"Enter"键或点击"百度搜索"按钮即可。

例如：如果查找有关山东协和学院的一般信息，可输入"山东协和学院"。

2. 练习（利用百度、Google）。

第 1 步：从网上检索近期医学发展的文章。

第 2 步：从网上检索有关计算机发展的文章。

## 项目 7.8　申请邮箱与邮件收发

【项目要求】

1. 申请免费邮箱；

2. 用免费邮箱收发邮件；

3. 电子邮件附件的发送与下载。

【项目目的】

了解常用的免费邮箱申请网站。

【项目步骤】

1. 免费邮箱的申请。

（1）免费电子邮箱网站比较多，常用的免费邮箱有 www. sina. com、www. 163. com、www. sohu. com、www. yahoo. com. cn 等，其服务质量较好，邮箱容量也较大，能满足绝大多数应用。

（2）电子邮件的格式。

E-mail 即电子邮件，它是通过 Internet 发出和接收电子邮件。电子邮件地址的格式：用户名@计算机主机名。

其中"用户名"可随意命名，但要便于自己记忆，也可以叫邮箱名称；"@"是 at 的意思，是 E-mail 地址的专用标示符号，不可多也不可少；计算机主机名实际标识的是存放和收发邮件的电脑（服务器），不过它是在网络上。

申请邮箱的步骤。

第 1 步：进入"新浪网"：http：//home. sina. com. cn/或者 http：//www. sina. com. cn/。

第 2 步：单击导航栏中的"邮箱"，进入下一页，如图 7 - 24 所示。

第 3 步：单击"注册免费邮箱"按钮，进入下一页，如图 7 - 25 所示。

第 4 步：输入"邮箱名称"，自己给一个邮箱名并单击下面的"检测邮箱名是否被占用"按钮。查看弹出的窗口，如果被占用请单击"关闭"按钮，再重输再检测，直到"可以用此用户名"。最后单击"下一步"按钮。

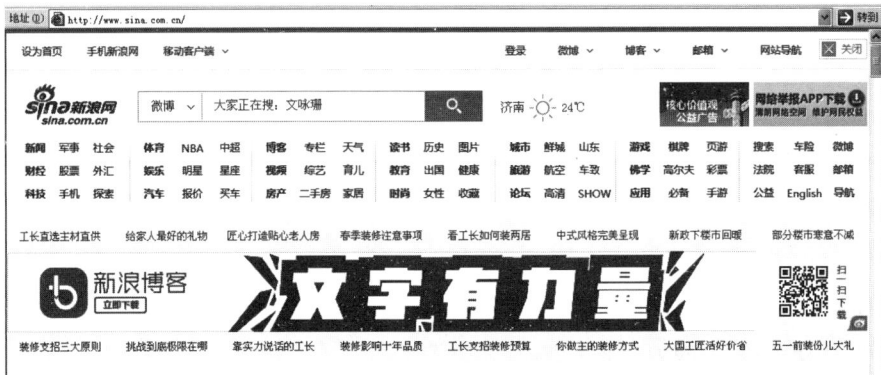

图 7 – 24　新浪网首页

图 7 – 25　新浪免费邮箱首页

第 5 步：单击"注册"按钮，弹出如图 7 – 26 所示邮箱账号注册页面。在相应提示后面的方框内填写基本的注册信息（需要注意的是：带＊号的选项必须填写）。

图 7-26　邮箱注册页面

　　填写完毕后可以单击页面下方的"立即注册"按钮。此时就会显示免费邮箱申请成功字样。单击"进入免费邮箱"按钮即可进入属于自己的邮箱了。

　　第 6 步：登录申请的邮箱，如图 7-27 所示。

图 7-27　邮箱收发首页

第7步：如果想看信件列表就单击"收件夹"按钮；要写信就单击"写信"按钮，如图7-28所示。

图7-28　邮件写信页面

邮件发送成功后，邮件将保存到"已发送"文件夹中，可从此处再次查看邮件。

（3）查看邮件与下载附件。

第1步：登录邮箱。

第2步：单击左边的"收件夹"，右边列出邮箱中的所有邮件，单击信件的主题名，就可以查看信件的内容。

第3步：若邮件中有附件，会出现附件项，要下载有两种方法：

一是右击附件名，选择"目标另存为"，在弹出的对话框中选择保存的位置，填入要保存的文件名，再单击"保存"按钮；

二是单击后面的"查毒并下载"按钮，在弹出的对话框中选择"下载"单击，在弹出的对话框中选择"将该文件保存到磁盘"，再单击"确定"按钮；最后在弹出的对话框中选择保存的位置，填入要保存的文件名，再点"保存"按钮；下载完成后点关闭按钮。如图7-29所示。

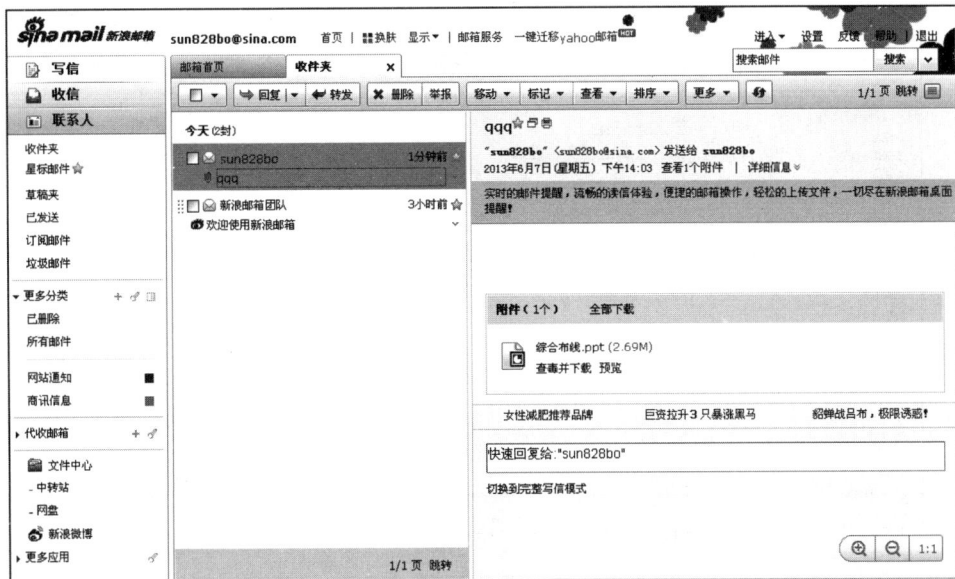

图 7－29　查看带附件的邮件

（4）发送带附件的电子邮件。

第 1 步：准备附件，并记住所放的位置。附件一次只能添加一个，有多个附件要单击"增加附件"，依次增加。多个附件要一次性添加，必须先用压缩软件，压成一个文件。压缩的方法是选中所要压缩的文件后，在其上右击选择"添加到""×××××.rar"，就可压缩成一个 .rar 文件。

第 2 步：登录邮箱。

第 3 步：单击"写信"按钮。

第 4 步：在收件人中输入收件人的邮件地址，主题中输入邮件的主题。

第 5 步：增加附件：单击后面的浏览按钮，在弹出的对话框中寻到你准备的附件，在"查找范围"中找到你存放附件的盘符和文件夹；选中附件，单击"打开"按钮。

第 6 步：编写邮件正文。

第 7 步：单击"发送邮件"按钮，如图 7－30 所示。

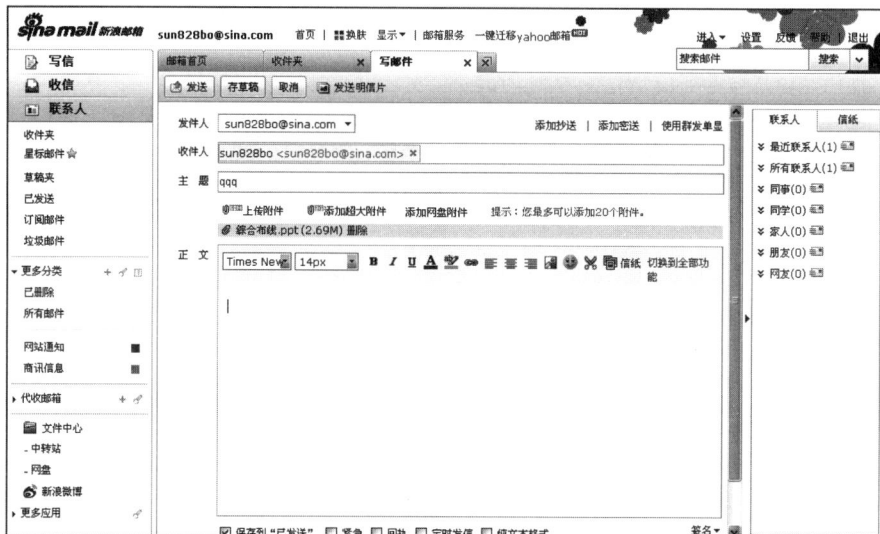

图 7-30 带附件的邮件发送

## 【技巧与提高】

电子邮件收发有两种方式：

1. 使用浏览器在邮箱网站上在线收发邮件。

2. 使用专门的电子邮件客户端软件（如 Foxmail、Outlook Express 等）进行收发。

## 综合练习 7

### 一、单项选择题

1. 广域网和局域网是按照（　　）来分的。

    A. 网络使用者                    B. 传输控制规程

    C. 网络连接距离                  D. 信息交换方式

2. 目前，局域网的传输介质主要是同轴电缆、双绞线和（　　）。

    A. 电话线         B. 通信卫星         C. 光纤              D. 公共数据网

3. DNS 是指（　　）。

    A. 网络服务器                  B. 接收邮件的服务器

    C. 发送邮件的服务器             D. 域名系统

4. 下列软件中，用于浏览 Internet 的是（　　）。

    A. FTP              B. HTTP          C. YAHHO        D. IE8.0

5. 上因特网，必须安装的软件是（　　）。

A．C 语言　　　　B．数据管理系统　　C．文字处理系统　　D．TCP/IP 协议

6．WWW 引进了超文本的概念，超文本指的是（　　　）。

   A．包含多种文字的文本　　　　　　　B．包含图像的文本

   C．包含超链接的文本　　　　　　　　D．包含多种颜色的文本

7．网址中的 http 是指（　　　）。

   A．超文本传输协议　　　　　　　　　B．文本传输协议

   C．计算机主机名　　　　　　　　　　D．TCP/IP 协议

8．电子邮件系统的主要功能是：建立电子邮箱、生成邮件、发送邮件和（　　　）。

   A．接收邮件　　　B．处理邮件　　　C．修改电子邮箱　　D．删除邮件

9．计算机网络的最主要功能是（　　　）。

   A．平衡负载　　　B．网络计算　　　C．资源共享　　　　D．信息传输

10．计算机网络最突出的优点是（　　　）。

   A．共享软、硬件资源　　　　　　　　B．处理邮件

   C．可以互相通信　　　　　　　　　　D．内存容量大

11．下面是某单位的主页的 Web 地址 URL，其中符合 URL 格式的是（　　　）。

   A．Http//www. snu. deu. cn　　　　　B．Http：www. snu. deu. cn

   C．Http：//www. snu. deu. cn　　　　　D．Http：/www. snu. deu. cn

12．E-mail 地址格式为：usename@ hostname，其中 usename 称为（　　　）。

   A．用户名　　　　B．某网站名　　　C．某网络公司名　　D．主机域名

13．局域网的拓扑结构主要有（　　　）、环型、总线型和树型四种。

   A．星型　　　　　B．T 型　　　　　C．链型　　　　　　D．关系型

14．从区域范围来看，计算机网络可分为广域网、城域网和（　　　）。

   A．大型网　　　　B．中型网　　　　C．小型网　　　　　D．局域网

15．Internet 的前身是美国国防部资助建成的（　　　）网。

   A．ARPA　　　　B．TelNet　　　　C．UNIX　　　　　D．Intranet

16．INTERNET 的中文译名是（　　　）。

   A．国际网　　　　B．因特网　　　　C．校园网　　　　　D．邮电网

17．"Telnet" 的功能是（　　　）。

   A．软件下载　　　B．远程登录　　　C．WWW 浏览　　　D．新闻广播

18．在 Outlook 设置中，代表收件服务器的是（　　　）。

   A．POP3　　　　B．SMTP　　　　C．MIME　　　　　D．X 400

19．FTP 是（　　　）。

   A．文件传输协议　　　　　　　　　　B．超文本传输协议

   C．电子邮件协议　　　　　　　　　　D．都不是

20．在电子邮件中，"邮局" 一般放在（　　　）。

   A．发送方的个人计算机中　　　　　　B．ISP 主机中

   C．接送方的个人计算机中　　　　　　D．都不正确

21. 连接到 WWW 页面的协议是（　　　）。

　　A. HEML　　　　　B. HTTP　　　　　　C. SMTP　　　　　　D. DNS

22. WWW 是（　　　）。

　　A. WORLD WIDE WEB　　　　　　　　B. WIDE WORLD WEB

　　C. WEB WORLD WIDE　　　　　　　　D. WEB WIDE WORLD

23. 现在通常使用的 IP 地址由个（　　　）字节组成。

　　A. 4　　　　　　　B. 3　　　　　　　C. 2　　　　　　　　D. 1

24. 域名 www. xiehe. edu. cn 表明，它是在（　　　）。

　　A. 中国的教育界　　B. 中国的工商界　　C. 工商界　　　　　D. 网络机构

25. E-mail 地址例如：sky@ mail. jn. sd. cn 中@ 的含义是（　　　）。

　　A. 非　　　　　　　B. 和　　　　　　　C. 或　　　　　　　D. 在

26. 若 E-mail 地址为 sky@ mail. jn. sd. cn 表示他可以在（　　　）收信。

　　A. 金华　　　　　　B. 浙江省内　　　　C. 全国　　　　　　D. 全世界

**二、多项选择题**

1. 关于计算机网络的分类，以下说法哪个正确（　　　）？

　　A. 按网络拓扑结构划分：有总线型、环型、星型和树型等

　　B. 按网络的使用范围划分：局域网、城域网、广域网

　　C. 按传送数据所用的结构和技术划分：有资源子网、通信子网

　　D. 按通信传输介质划分：有低速网、中速网、高速网

2. 以下叙述中不正确的是（　　　）。

　　A. 主机的 IP 地址和域名完全相同　　　B. 一个域名可以对应多个 IP 地址

　　C. IP 地址分成三类　　　　　　　　　D. 一个 IP 地址可以对应多个域名

3. 关于计算机网络，以下说法哪个正确？（　　　）

　　A. 网络就是计算机的集合

　　B. 网络可提供远程用户共享网络资源，但可靠性很差

　　C. 网络是通信技术和计算机技术相结合的产物

　　D. 当今世界规模最大的网络是因特网

4. 以下各类型文件中，可以在 Internet 中传输的有（　　　）。

　　A. 声音　　　　　　B. 图像　　　　　　C. 文字　　　　　　D. 普通邮件

5. 下面关于域名内容正确的是（　　　）。

　　A. CN 代表中国，GOV 代表政府机构　　B. US 代表美国，NET 代表网络机构

　　C. UK 代表英国，EDU 代表个人　　　　D. CA 代表美国，COM 代表非营利机构

6. 计算机网络根据网络覆盖范围可以划分为（　　　）。

　　A. 城域网　　　　　B. 广域网　　　　　C. 局域网　　　　　　D. 总线型网

7. IP 地址通常分为（　　　）。

　　A. C 类地址　　　　B. B 类地址　　　　C. D 类地址

D. A 类地址　　　　E. E 类地址

**三、填空题**

1. 在 Internet 中，用字符形式表示的 IP 地址称为_____。

2. 127.0.0.1 是一个特殊的 IP 地址，表示_____，用于本地机器上的测试和进程间通信。

3. 将一幢办公楼内的计算机连成一个计算机网络，该网络属于_____网。

4. HTTP 即_____协议，主要用于从 WWW 服务器传输超文本到本地浏览器。

5. Internet 上的计算机是通过_____来唯一标识的。

6. FTP 在计算机网络中的含义是_____。

7. Web 上每一个页都有一个独立的地址，这些地址称作统一资源定位器，即_____。

8. WWW 网页是基于_____编写的。

9. 通过_____可以把自己喜欢的、经常要上的 Web 页或站点地址保存下来，这样以后就能快速打开这些网站。

10. 在 Web 站点中，网页是一种用_____语言描述的超文本，整个 Web 站点是由利用_____为纽带建立相互联系的网页组成的。

11. TCP/IP 是网络协议，其中 TCP 表示_____。在 Internet 中的每一台主机都分配有一个唯一的 32 位二进制地址，该地址称为_____。

12. IP 地址通常分成_____和_____两部分。

13. TCP/IP 协议组中，_____负责数据的传输，_____负责数据的可靠传输。

**四、判断题**

1. Ping 命令用于检查当前 TCP/IP 网络中的配置变量。（　　）

2. 在 Windows 中，通过网络可以访问局域网上与之相连的其他计算机上的信息。（　　）

3. Internet 采用域名地址是因为 IP 地址不便于记忆。（　　）

4. Internet 的前身是 ARPAnet。（　　）

5. 万维网（WWW）是一种广域网。（　　）

6. 超链接只可以链接本网站的文件。（　　）

7. 用户在连接网络时，使用 IP 地址与域名地址的效果是一样的。（　　）

8. 在 Internet 上，每一个电子邮件用户所拥有的电子邮件地址称为 E-mail 地址，它具有如下统一格式：用户名@主机域名。（　　）

9. 用 Telnet 命令用于测试网络是否连通。（　　）

10. FTP 是 Internet 中的一种文件传输服务，它可以将文件下载到本地计算机中。（　　）

11. TCP/IP 协议是一组协议的统称，其中两个主要的协议即 TCP 协议和 IP 协议。（　　）

12. 用户在连接网络时，只可以使用域名，不可以使用 IP 地址。（　　）

13. 若要在电子邮件中传送一个文件，可借助电子邮件中的附件功能。（　　）

14. HTTP 是 WWW 服务程序所用的网络传输协议。（　　）

15. 使用 E-mail 可以同时将一封邮件发给多个收件人。（　　）

16. 在 Internet 上，IP 地址、E-mail 地址都是唯一的。 (　　)

**五、操作题 （注：题中当前文件夹指"test1"）**

1. 在浏览器的地址栏中输入"http：//www. sdxiehe. edu. cn"，浏览山东协和学院网站，将主页保存到当前文件夹中，文件名"学校主页"，保存类型为"文本文件（∗. txt）"。

2. 浏览学院网站，将图书资料页面上的图片保存到当前文件夹中，文件名为"picture"，保存类型为位图"（∗. bmp）"。

3. 对 Internet Explorer 浏览器的选项进行设置，更改主页地址为："http：//www. sdxiehe. edu. cn"。

4. 对 Internet Explorer 浏览器的选项进行设置，使浏览 Internet 网页时能够"检查 Internet Explorer 是否为默认的浏览器"。

# 参 考 答 案

综合练习1

## 一、单项选择题

| | | | | |
|---|---|---|---|---|
| 1. D | 2. B | 3. C | 4. A | 5. B |
| 6. A | 7. A | 8. B | 9. A | 10. B |
| 11. C | 12. D | 13. B | 14. C | 15. D |
| 16. A | 17. C | 18. A | 19. B | 20. A |
| 21. D | 22. A | 23. C | 24. D | 25. D |
| 26. C | 27. A | 28. A | 29. B | 30. C |

## 二、多项选择题

| | | | | |
|---|---|---|---|---|
| 1. ABCD | 2. AC | 3. BCD | 4. AC | 5. BC |
| 6. ABD | 7. BCD | 8. BCD | 9. ABD | 10. ABD |
| 11. ABD | 12. ACD | 13. ABCDE | 14. AB | |

## 三、判断题

| | | | | |
|---|---|---|---|---|
| 1. F | 2. F | 3. F | 4. F | 5. F |
| 6. F | 7. F | 8. T | 9. T | 10. T |
| 11. F | 12. T | 13. T | 14. F | 15. F |
| 16. F | 17. F | 18. T | 19. F | 20. T |

## 四、填空题

1. 系统总线

2. 输入/输出（I/O）

3. 控制器

4. 个人计算机

5. 主机　显示器

6. 系统软件

7. 二进制

8. 3

9. 字

10. 指令系统

## 综合练习2

### 一、单项选择题

| | | | | |
|---|---|---|---|---|
| 1. D | 2. A | 3. C | 4. D | 5. D |
| 6. B | 7. B | 8. C | 9. D | 10. C |
| 11. C | 12. D | 13. A | 14. B | 15. A |
| 16. A | 17. B | 18. B | 19. A | 20. A |
| 21. A | 22. A | | | |

### 二、多项选择题

| | | | | |
|---|---|---|---|---|
| 1. BC | 2. ABCD | 3. ACD | 4. AB | 5. AD |
| 6. AC | 7. ABC | | | |

### 三、判断题

| | | | | |
|---|---|---|---|---|
| 1. F | 2. F | 3. F | 4. F | 5. F |
| 6. T | 7. T | 8. F | 9. T | 10. F |
| 11. T | 12. T | | | |

### 四、填空题

1. 用户与计算机

2. 开始按钮、显示区域、通知区域

3. 转到后台运行

4. 内存中的一部分

5. 卸载/更改程序

6. Alt + Tab

7. Setup. exe

8. 计算机

9. Ctrl

10. . png

11. 回收站

12. 快捷方式

## 综合练习 3

### 一、单项选择题

| | | | | |
|---|---|---|---|---|
| 1. B | 2. C | 3. D | 4. D | 5. C |
| 6. C | 7. C | 8. B | 9. D | 10. A |
| 11. B | 12. A | 13. A | 4. C | 15. A |
| 16. C | 17. C | 18. D | 19. D | 20. B |
| 21. C | 22. B | 23. C | 24. A | 25. D |

### 二、多项选择题

| | | | | |
|---|---|---|---|---|
| 1. ABCD | 2. ABD | 3. ABC | 4. ABCD | 5. CD |
| 6. ACD | 7. ACD | 8. ABCD | 9. AC | 10. ABCD |

### 三、判断题

| | | | | |
|---|---|---|---|---|
| 1. T | 2. T | 3. F | 4. F | 5. F |
| 6. F | 7. F | 8. T | 9. T | 10. F |
| 11. T | 12. F | 13. F | 14. F | 15. T |

### 四、填空题

1. 普通视图

2. 新建、保存

3. 两端对齐

4. 宋体、5 号、单倍

5. Alt

6. 主文档

7. 格式刷

8. 回车

9. 首页、奇偶页

10. 裁剪

11. 横排、竖排

12. 表格样式

13. 拆分单元格、合并单元格

14. 左对齐、居中对齐、右对齐

15. 求和、求平均值

16. = sum（above）

17. 表格属性

18. 文字

19. Insert

20. 下沉、悬挂

**五、操作题**

（1）【微步骤】

步骤1：打开考生文件夹下的文档"会计电算化节节高升．docx"。

步骤2：在"纸张"选项卡中的"纸张大小"区域设置为"16开"。

步骤3：单击"页面布局"选项卡→"页面设置"组的对话框启动器，打开"页面设置"对话框，在"页边距"选项卡中的"多页范围"区域中设置多页为"对称页边距"。

步骤4：在"页边距"区域中设置页边距为：上边距2.5里面、下边距为2厘米，内侧边距2.5厘米、外侧边距2厘米，装订线1厘米。

步骤5：在"页面设置"对话框的"版式"选项卡中设置页脚距边界1.0厘米。

（2）【微步骤】

步骤1：选中带（一级标题）字样的段落。单击"开始"选项卡→"样式"组的对话框启动器，在打开的"样式"列表框中选择在"标题1"。可以使用Ctrl键进行多个不连续段落的选择。

步骤2：选中带（二级标题）字样的段落。单击"开始"选项卡→"样式"组的对话框启动器，在打开的"样式"列表框中选择在"标题2"。然后进行字体的设置。

步骤3：选择带（三级标题）字样的段落。单击"开始"选项卡→"样式"组的对话框启动器，在打开的"样式"列表框中选择在"标题3"。然后进行字体的设置。

（3）【微步骤】

步骤1：单击"开始"选项卡→"编辑"组的替换按钮，打开替换对话框，在打开的"查找和替换"对话框中，查找的内容处填"（一级标题）"，在替换为中填" "，然后单击"全部替换"按钮即可。

步骤2：单击"开始"选项卡→"编辑"组的替换按钮，打开替换对话框，在打开的"查找和替换"对话框中，查找的内容处填"（二级标题）"，在替换为中填" "，然后单击"全部替换"按钮即可。

步骤3：单击"开始"选项卡→"编辑"组的替换按钮，打开替换对话框，在打开的"查找和替换"对话框中，查找的内容处填"（三级标题）"，在替换为

中填 " "，然后单击 "全部替换" 按钮即可。

（4）【微步骤】

步骤1：首先选择要添加题注的位置，然后单击 "引用" 选项卡→"题注" 组的 "插入替换" 按钮，打开题注对话框，在打开的 "题注" 对话框中，查找的内容处填 " （一级标题）"，在替换为中填 " "，然后单击 "全部替换" 按钮即可。

（5）【微步骤】

步骤1：选择表格，然后单击 "插入" 选项卡→"表格" 组中的 "快速表格" 按钮，选择其中的一种样式即可。

（6）【微步骤】

步骤1：把鼠标定位在要分节的位置。然后单击 "页面布局" 选项卡→"页面设置" 组的 "分隔符" 按钮，在打开的列表中选择 "分节符 – 连续"，这样就把文档分成了一个新节。

步骤2：依次按照第一步的方法把后面的每一章分成一节。

（7）【微步骤】

步骤1：把鼠标定位在文档的开始，然后单击 "引用" 选项卡→"目录" 组的 "目录" 按钮，在打开的列表中选择 "插入目录"，在打开的对话框单击 "确定" 按钮即插入了目录。

步骤2：单击 "插入" 选项卡→"页眉和页脚" 组的 "页码" 按钮，选择 "设置起始页码" 为1。

步骤3：在页码处双击左键，单击 "设计" 选项卡→"选项" 组中，选中 "首页不同" 和 "奇偶页不同"。

（8）【微步骤】

步骤1：单击 "页面布局" 选项卡→"页面背景" 组的 "水印" 按钮，选择 "自定义水印"，在打开水印对话框中选中 "图片水印"，然后选择考生文件夹下的图片 "Tulips. jpg"，然后单击 "确定" 即可。

## 综合练习4

### 一、单项选择题

| | | | | |
|---|---|---|---|---|
| 1. B | 2. C | 3. B | 4. C | 5. B |
| 6. B | 7. B | 8. A | 9. D | 10. A |
| 11. C | 12. A | 13. A | 14. B | 15. B |
| 16. C | 17. A | 18. B | 19. B | 20. A |

21. C      22. B      23. D      24. D      25. C

26. A      27. D      28. C

## 二、多项选择题

1. BC      2. AD      3. ACD      4. ABCD      5. ABD

6. ACD      7. ABC

## 三、判断题

1. F      2. F      3. T      4. F      5. F

6. F      7. T      8. F      9. F      10. F

11. F      12. F      13. T      14. T      15. T

16. T      17. F      18. T      19. F

## 四、填空题

1. xlsx

2. 255

3. 左

4. Ctrl + Shift + ;

5. 相对引用

6. 混合

7. 右下角

8. 123

9. 批注

10. 列标

11. 等号

12. MIN（A1：A5）.

13. 排序

14. 嵌入式, 图表工作表

15. 设置打印区域

## 综合练习5

### 一、单项选择题

1. D      2. A      3. B      4. C      5. B

6. B      7. D      8. B      9. B      10. D

11. C      12. B      13. B      14. D      15. D

16. B      17. D      18. D      19. D      20. D

| 21. D | 22. C | 23. C | 24. A | 25. B |
|---|---|---|---|---|
| 26. B | 27. D | 28. D | 29. D | 30. B |
| 31. C | 32. D | 33. D | 34. C | 35. B |

三、多项选择题

| 1. AB | 2. ABC | 3. ABC | 4. ABCD | 5. ABD |
|---|---|---|---|---|
| 6. ABCD | 7. ACD | 8. ABCD | 9. ABD | 10. ABC |

三、判断题

| 1. F | 2. T | 3. F | 4. F | 5. F |
|---|---|---|---|---|
| 6. F | 7. T | 8. T | 9. T | 10. T |

四、填空题

1. 演示文稿 . pptx

2. 动作按钮

3. 切换效果

4. 进入、退出、强调、动作路径

5. 排练计时

6. 打包

7. 9

8. F5

9. ESC

10. . potx

五、操作题

略

综合练习6

一、单项选择题

| 1. A | 2. D | 3. C | 4. C | 5. A |
|---|---|---|---|---|
| 6. D | 7. C | 8. A | 9. A | 10. C |
| 11. B | 12. C | 13. A | 14. A | 15. B |
| 16. A | 17. B | 18. D | 19. C | 20. D |
| 21. B | 22. A | 23. C | 24. A | 25. C |
| 26. D | 27. A | 28. C | 29. D | 30. D |
| 31. C | 32. D | 33. B | 34. C | 35. B |
| 36. D | 37. C | 38. B | 39. B | 40. D |

| 41. D | 42. C | 43. A | 44. B | 45. B |
|-------|-------|-------|-------|-------|
| 46. A | 47. D | 48. B | 49. D | 50. D |
| 51. C | 52. D | 53. B | 54. D | 55. D |
| 56. B | 57. B | 58. B | 59. B | 60. A |
| 61. D | 62. D | 63. B | 64. D | 65. D |
| 66. D | 67. B | 68. D | 69. D | 70. C |

## 二、多项选择题

| 1. ABCD | 2. ABC | 3. ABCD | 4. ABC | 5. ABC |
|---------|--------|---------|--------|--------|
| 6. ABC | 7. ABC | 8. ABD | 9. BCD | 10. AB |
| 11. ABCD | 12. BD | 13. ADCB | 14. ACD | 15. AD |

## 三、判断题

| 1. T | 2. F | 3. T | 4. T | 5. T |
|------|------|------|------|------|
| 6. T | 7. T | 8. F | 9. T | 10. F |
| 11. F | 12. F | 13. F | 14. T | 15. F |
| 16. T | 17. F | 18. T | 19. T | 20. T |
| 21. F | 22. F | 23. F | 24. F | 25. T |
| 26. T | 27. F | 28. T | | |

## 四、填空题

1. 数据无独立性

2. 数据模型

3. 关系

4. 实体型

5. 一对多

6. Office 2007

7. 数据来源

8. 关系

9. 数据表视图

10. 进行维护

11. 名称　数据类型

12. DML

13. 窗体

14. 更新

15. 页面页眉　主体　页面页脚

16. 一对多

17. 添加数据

18. 64KB

19. 主键

20. 数据表

21. 有效性规则

22. Delete

23. 属性

24. 数据源

25. 设计视图

26. 表或查询

27. 节

28. 修改窗体

29. 属性

30. 打开

**五、操作题**

1. 第一步：启动 Access 2010，单击"空白数据库"，在用户界面的右边会出现文件名和保存位置，在"文件名"文本框中输入"samp1. accdb"，保存位置选择 D 盘 Access 2010 文件夹，单击用户操作界面的"创建"按钮。

第二步：单击"创建"选项卡，从下面的"表"组中选择"表设计"命令，可直接打开表的设计视图；按表 4 – 3 的表结构要求在表设计视图中定义"tNurse"表的各字段；将所有字段的名称、数据类型、说明等项内容输入完毕后，关闭表设计视图窗口。

2. 打开"tNurse"表的"设计视图"，选择"护士 ID"字段；单击"设计"选项卡"工具"中的"主键"命令，则"护士 ID"字段的左侧加上主键标识，"保存"。

3. 双击打开"tNurse"表，依次将表 4 – 4 的内容输入到数据表视图中，"保存"。

4. 打开"samp1"数据库，选择"创建"选项卡，单击"查询设计"命令，弹出"显示表"对话框；将"tNurse"表添加到查询中，单击"关闭"按钮；将"护士名称"字段用鼠标将其拖到设计网格中；在"护士名称"字段后的框中输入表达式"Year（Date（ ））– Year（［工作日期]）"；单击"设计"选项卡"结果"组中的"运行"命令，查看选择查询的运行结果；保存为"工龄"，单击

"确定"按钮。

5. 在导航窗格中，单击包含要在窗体上显示的数据表"tNurse"；第二步：在"创建"选项卡上的"窗体"组中，单击"窗体"；保存为"护士信息"。

6. 在导航窗格中，单击包含要在窗体上显示的窗体"护士信息"；"文件"选项卡选择"对象另存为"命令，在打开的"另存为"对话框中选择"保存类型"为报表，输入报表的名称"护士"，单击"确定"按钮。

## 综合练习7

### 一、单项选择题

| | | | | |
|---|---|---|---|---|
| 1. C | 2. C | 3. D | 4. D | 5. D |
| 6. C | 7. A | 8. A | 9. C | 10. A |
| 11. C | 12. A | 13. A | 14. D | 15. A |
| 16. B | 17. B | 18. A | 19. A | 20. B |
| 21. B | 22. A | 23. A | 24. A | 25. D |
| 26. D | | | | |

### 二、多项选择题

| | | | | |
|---|---|---|---|---|
| 1. AB | 2. ABC | 3. CD | 4. ABCD | 5. AB |
| 6. ABC | 7. ABCDE | | | |

### 三、填空题

1. 域名

2. 本机地址

3. 局域网

4. 超文本传输协议

5. 网卡地址

6. 文件传输协议

7. URL

8. HTML

9. 收藏夹

10. HTML    超链接

11. 传输控制协议    IP 地址

12. 网络号、主机号

13. IP、TCP

### 四、判断题

| | | | | |
|---|---|---|---|---|
| 1. T | 2. T | 3. T | 4. T | 5. T |

6. F　　　7. F　　　8. T　　　9. T　　　10. T
11. F　　　12. F　　　13. T　　　14. T　　　15. T
16. T

五、操作题
略

# 后　记

随着"互联网＋"时代的到来，计算机的应用已渗透到社会的各个领域。社会对大学生的动手能力、实践能力和综合素质要求越来越高。为了让大学生毕业后能很好地适应社会需求，本书在编写上采用"项目驱动"的方式设计教材体系，学生在老师的指导下完成相应的"项目"，就能达到掌握相关知识的目的。每个项目除了"项目要求"和"项目目的"外还带有详细"项目步骤"，图文并茂、通俗易懂。每章后面带有综合练习题，方便学生自学、自测之用，可以很好地培养和锻炼学生的动手能力。

本书编写的目的是让读者可以快速地具有计算机的基本应用能力；上机操作部分涵盖了大部分社会实际需求，讲解深入浅出；有丰富实际操作内容帮助教师顺利开展相应的教学内容，为不同基础的读者提供便利条件，可以更好地把教材相关内容与实际需求紧密联系起来，完成理解到应用的学习过程。本书每部分都采用文字说明结合图片展示的方法进行讲解。同时，本书融入了计算机一级、二级考试的考点内容，为指导学生顺利通过计算机一级、二级考试提供了方便。本书中所有项目都源自实际问题，经过编者的不断整理和组织，能更好地帮助读者学习，使不同层次的读者，都可以快速掌握相关内容。通过网络平台，我们为学生提供电子教案、教学课件、教学素材以及其他相关知识拓展材料等充足的学习资源，以促进学生学习效率和学习质量的提高。

此书是多年从事一线教学工作的教师集体智慧的结晶，他们具有较为丰富的教学经验。在学校领导的大力支持下，教材编写委员会的各位老师齐心协力，共同编写而成。

感谢读者选择使用本教材，由于编者水平有限，教材内容及文字中难免有不妥之处，恳请广大读者批评指正，并提出宝贵意见和建议。

编者
2016 年 5 月